U0814578

华夏文库
经典解读系列

嘉言铸青史

——聆听《国语》

何昆 著

大地传媒 | 海燕出版社

“华夏文库”发凡

毫无疑问，每一个时代都有属于自己时代的精神追求、文化叩问与出版理想。我们不禁要问，在21世纪初叶，在全球文明交融的今天，在信息文明的发轫初期，作为一个中国出版人，我们正在或者将要追求什么？我们能够成就或奉献什么？我们以何种方式参与全球化时代的文化传播进程？在一连串的追问下，于是，有了这套“华夏文库”的出版。

自信才能交融。世界各大文明在坚守自身文化个性的同时，不约而同地加快了探视其他文化精神内涵的步伐，世界不同文明正在朝着了解、交流、碰撞、借鉴与融合的方向前进。在此背景下，建立自身的文化自信，正是与世界各文明民族进行文化交流的基本要求。五千年中华文明与文化正在不断地被其他文明所发现、所挖掘、所认知，汉语言正在生长为世界语言，儒文化正在世界各地生根发芽。借助这样一种正在成长着的文化自信、自觉、开放、亲和之力，用我们这个时代的学术眼光全面系统梳理中华五千年的文明与文化，向其他各大文明与文化圈正面展示自我，让中华优秀文化成为世界文化的重要组成部分，正是我们出版这套文库的目的之一。此其一。

知己才能知彼。身处五千年文化浸润的今天，重新思考我们先人的人生思考、价值思考与哲学思考，找到一个民族、一个国家的价值所在、立命所在、安身所在，这已经是我们这个时代的学人与出版人不得不再思考的问题。作为中华文明的一分子，我们在思考的同时，还必须了解我们的先人创造了如何优秀的精神文明与物质文明以及社会文明。只有熟知自己的文化，热爱自己的文化，悟明自己的文化，我们才能宣说自己、弘扬自己、光大自己。因此，我们策划组织这套“华夏文库”的初衷，还在于让当下的知识青年全面系统瞭望中华文明与文化的全景，并借此能够对更为深广的世界各民族文化提供一个比较认知的基础。此其二。

顺势才能有为。我们正处在农耕文明、工业文明、信息文明的交会处，信息文明带领我们从读纸时代进入读屏时代，以智能手机屏幕为代表的书籍呈现方式正在与纸质书籍争夺阅读时间与空间。我们正在领悟数字技术，正在以信息文明的视角，去整理、分析和研究农耕文明与工业文明的文化遗产，不仅仅是为了唤醒优秀的传统文化，我们还在生发和原创着当今时代的文化。由此，我们试图架起一座桥梁——由纸质呈现而数字呈现，由数字呈现而纸质呈现，以多媒介的书籍呈现方式，将文字、图像、声音与视频四者结合，共同筑成“华夏文库”，以奉献给信息文明时代的新读者。此其三。

总之，这是一套——专家大家名家写小书；以最小的阅读单元，原创撰写中华精神文化、物质文化与社会文明系列主题与专题；以图文、音视频多媒介呈现的方式，全面介绍与传播中华文明与优秀文化，系统普及与推介中华文明与文化知识；主旨是为了让世界与中国共同了解中国的——大型丛书，借此，复兴文化，唤起精神，融入世界。

耿相新

2013年6月27日

前 言

时间似不停旋转着的舞者，身上的微尘一一飘落，一点点、一层层慢慢堆积成了历史。那些再也回不去的前尘往事，只能凭借史籍的记载去了解一二。只是，那厚厚的历史著作犹如面容严肃的长者，令人敬重而畏惧。先秦史册，在人们心中更如不苟言笑、言辞犀利的智者，可望而不可即。

然而，史册的诞生不是为了被束之高阁，而是为了给后人留下经验与教训。史籍中的国家兴亡、人生得失，对我们而言是何其珍贵的精神财富，怎能忍心将其拒于心门之外？既然这样，不妨将那艰涩的文字润色成简洁明了的语言，将劳心劳力的阅读变成赏心悦目的“悦读”。我们需要的是历史的厚重与真实，不必拘泥于佶屈聱牙的文字，用心聆听就好，听听先哲们的智言慧语、先贤们的妙语佳言。现在就让我们带着膜拜而轻松的心情聆听《国语》吧。

《国语》是一部先秦时期的历史文献汇编。它是我国第一部按国记事的国别史，记载了西周末年至春秋时期周、鲁、齐、晋、郑、楚、吴、越八国的史事。全书共二十一卷，《周语》三卷、《鲁语》二卷、《齐语》一卷、《晋语》九卷、《郑语》一卷、《楚语》二卷、《吴语》一卷、《越语》二卷。所记八国史事并不是系统的，而是有侧重的，不仅各“语”分量不同，而且对历史事件、历史人物的选择亦有不同。比如：《鲁语》以记载臧文仲、里革、公父文伯之母的事迹为多，特别是公父文伯之母，《鲁语下》共二十一篇，记述其事迹的就有八篇之多。此外，《国语》所记载的内容主要是当时各级贵族治国的相关言论。通过人物言论来表现历史事件是《国语》的特色，即以人物的对话、言论、辩论来反映历史事实或说明观点。该书以“国”分目，以记“语”为主，着重记述“邦国成败，嘉言善语”，故书名为《国语》。又因《国语》与《左传》同是记录春秋时期史事的典籍，而《左传》以记鲁国史事为主，被称作《春秋内传》，《国语》却分八国记事，便被称作《春秋外传》。两书一为记事、一为记言；一为编年史、一为国别史，各有特色、互为补充。

从刀笔尺牍，到笔墨纸砚，再到键盘电脑，斗转星移的时代更迭，日新月异的科技发展，带来了书写的便利、阅读的方便，却也在不觉中带来了心境的浮躁。于浮华尘世中忙忙碌碌的我们，在难得的清闲时光里，能安坐桌前静心读书已是难得，若能读一本古史简直是可贵了。其实，原可不必如此“郑重其事”的，轻轻放下那忐忑与惶惑的心，静静去聆听，听听君王之语、智者之语、谏臣之语、贤卿之语，再听听谋士之语、奸佞之语、女性之语、庶民之语，让这芸芸众生的得失成败、人间众相的心事物语，化作一种无形的力量，丰润我们疲惫的心灵、唤醒我们蛰伏的灵犀，这便是《国语》雍容华美的风采。

何昆

2013.6.6

目 录

一 君王之语

二 智者之语

三　谏臣之语

四　贤卿之语

五　谋士之语

六　奸佞之语

七 女性之语

八 庶民之语

一

君王之语

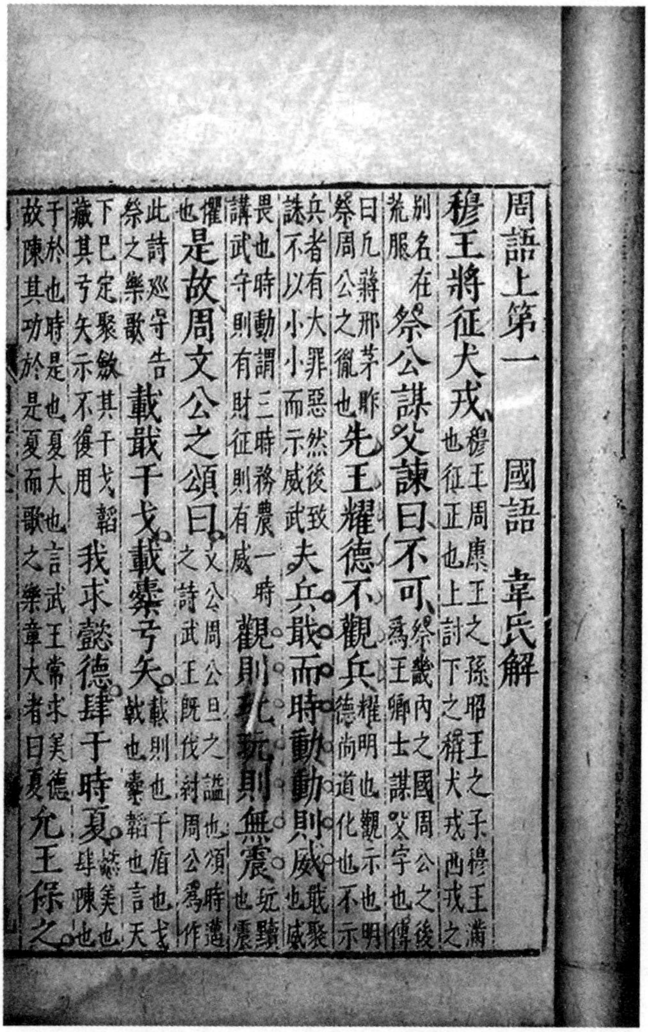

周語上第一　國語　韋氏解

穆王將征犬戎穆王周康王之孫昭王之子穆王滿也征正也上討下之稱犬戎西戎之別名在荒服祭公謀父諫曰不可祭畿内之國周公之後爲王卿士謀父字也傳曰凡蔣邢茅胙祭周公之胤也先王耀德不觀兵耀明也觀示也明德尚道化也不示兵者有大罪惡然後致誅不以小小而示威武夫兵戢而時動動則威戢聚也威畏也時動謂三時務農一時講武守則有財征則有威觀則玩玩則無震玩黷也震懼也是故周文公之頌曰文公周公旦之謚也頌時邁之詩武王既伐紂周公爲作此詩巡守告祭之樂歌載戢干戈載櫜弓矢戢藏也干楯也戈戟也櫜韜也言天下已定聚斂其干戈韜藏其弓矢示不復用我求懿德肆于時夏懿美也肆陳也于於也時是也夏大也言武王常求美德故陳其功於是夏而歌之樂章大者曰夏允王保之

《国语》书影（据明万历童氏刊本）

秦穆公

—— 独霸西戎显功德

春秋时代，周王室势力日渐衰微，诸侯群雄纷争旁落之大权，硝烟之后，总有强者称霸。秦穆公，这个名字便赫然在列。这位内修国政、外图霸业的有为之君，在位期间对内重视人才、任用贤臣能士，对外扶持晋君、实现秦晋联盟，并不断开疆辟土，终称霸西戎，为日后秦国一统六国打下了历史性的基础。

这个雄才伟略的人物始出现于《国语》中，不是因为他的光彩照人，而是因为晋国那场著名的政乱——骊姬之乱。这个政治事件导致太子申生自缢、群公子被逐。也正因这一事件秦穆公开始了他扶立晋君的政治生涯——一位是不义之君晋惠公，一位是显达千秋的晋文公。公元前651年，晋献公临终前将骊姬之子奚齐定为继承人，嘱托荀息辅政。然而，大臣里克及其同僚并不承认奚齐政权的合法性，奚齐和骊姬先后被杀，荀息自尽。晋国一时陷入群龙无首的混乱之中，里克和丕郑让屠岸夷去狄国迎接了重耳回国即位，重耳在舅舅子犯的建议下婉言谢绝了。吕甥和郤称也派蒲城午去梁国对公子夷吾建议说："你送厚礼给秦国，求他们帮助你回国继承君位，我们在国内为你策应。"夷吾在他的师傅冀芮的建议下答应了。于是，吕甥向正一筹莫展的晋国大夫们提议请求秦穆公帮助晋国确立新君，这个提议得到了大夫们的响应。

秦穆公就这样亮相了。晋国本是强国，此时竟需借秦国之力拥立新君。晋国的愁云惨雾，正显出秦国的不容小觑。这秦穆公自然是位在政治上颇有作为的君主，晋国使者一番言辞恳切的溢美之词使秦穆公答应了晋国的请求。为此事秦穆公紧急召见了大夫孟明视和公孙枝。一心想为晋国选一位明君的秦穆公殷切地问道："晋国陷于大乱，恳请我帮助他们立个新君。如何解决晋国迫在眉睫的问题呢？在两位公子中，我该选哪一个送回晋国为君？"大夫孟明视说："国君派公子絷去办这件事吧。公子絷聪敏知礼，待人恭敬，而且能洞察精微的道理。聪敏便能熟谙谋略，知礼适合派作使者；恭敬不会有误君命，洞察精微的道理就能判断谁可以被立为君。您就派他去为您解忧吧。"于是秦穆公就派公子絷去狄国吊慰公子重耳，去梁国吊慰公子夷吾。

不久后，公子絷回到秦国，向秦穆公复命。秦穆公听完公子絷的汇报后直言道："我支持公子重耳回国继承君位，因为重耳仁德。他只跪拜不磕头，是表示不贪图国君之位；站起来后哭泣，是为失去父亲而哀痛；退下后不私自拜访，是不图谋私利。这样仁德的人一定会成为贤明的国君。"公子絷望着秦穆公，微微摇头说："国君的话错了。如果您辅立晋君是为了成全晋国，那么立一个仁德的公子未尝不可；如果您辅立晋君是为了成就秦国的威名，就不如立一个不仁德的公子以扰乱晋国，并且可进可退。"公子絷的话让秦穆公一怔，成全晋国的确是自己的初衷，所以才会不假思索地赞赏公子重耳。然而，公子絷的小人之语何尝不是自己的心事？成就秦国的威名、成就自己的霸业，不一直是自己的所思所想吗？秦穆公若有所思地沉默了，而沉默是一种无声的高明的语言，是一种只可意会不可言传的语言。

尽管秦穆公心中已有打算，但身为政治家的他仍不忘向夷吾的师傅冀芮询问："公子夷吾在晋国有谁可以依靠？"冀芮一听此问，借机不露声色地赞扬起夷吾："我听说，逃亡在外的人没有党羽，有党羽必然就有仇敌。夷吾小时候，不贪玩耍，不喜欢过分报复与之争斗的人，喜怒不形于色，长大后也没改变。所以出亡在外，国人对他没有什么怨恨，大家都认为他安详。否则，夷吾没有才能，还有谁能依靠呢？"这正是秦穆公希望听到的话，代表晋国人意愿的话，符合自己心意的话。这样一来，立公子夷吾为晋君就显得合情合理了。于是，夷吾成为晋国新君——晋惠公。这位不仁德的公子果然如公子縶所言，成为一位扰乱晋国的国君。

晋惠公执政之后，不仅违背当初对秦的许诺，还诛杀了里克、丕郑和七舆大夫，大失民望。丕郑的儿子叫豹，逃到了秦国，请秦穆公讨伐晋惠公，将他驱逐出晋国。秦穆公冷静地分析道："失掉了民众怎么还能杀这么多人？况且他的罪如果还不到死的地步，大夫们就不会作乱，民众就不会造反。罪足以至死的人，不会留在晋国，留在晋国的人，罪还不至死。胜败变化无常，有杀身之祸的人都离开了晋国，谁还能把晋君赶出国呢？此事还是从长计议吧！"秦穆公的话显示出政治家善谋善断的睿智，但似乎总有几分事不关己高高挂起的嫌疑。

也许是晋君的失德引起了上天的不满，晋国发生了饥荒。晋国向秦国请求购买粮食，以渡难关。丕豹对穆公说："晋君对您无礼，人所共知。晋国去年有祸难，如今又闹饥荒，看来晋君不仅已经失去了民心，而且失去了天意，他将灾难重重，您应该趁此讨伐他，不要卖给他粮食！"丕豹虽是晋国旧臣，但与晋君有杀父之仇，有此言行自然是情理之中的。不过对秦穆公来讲，这确实是一个打击晋国的机会。可是，一直渴望称霸诸侯的秦穆公却一点没动心，平静地说："我是憎恶晋君，但他的百姓有什么罪呢？天灾流行，各国都可能会遇到这种困境。救济灾荒，使人民免于饥饿，这才是正道，才是不可废弃的正义公理啊。”秦穆公便安排船只把粮食运往晋国，以解其燃眉之急。

扶立夷吾、纵其妄为，其中或许多少有些机心权谋，但秦穆公处理此事的方式却着实令人钦佩，让人领略到其以民为重、胸襟开阔的王者之风。《史记·秦本纪》中也记载着一则秦穆公宽宏大量的小故事。秦穆公的一匹骏马走失，被一群山野村夫当成了食物给吃掉了。官吏捕捉到他们，准备法办。秦穆公却说：“君子怎能因为牲畜的缘故而伤害人呢？我听说，吃了马肉，不喝酒，会伤人身体。”于是就赐酒给村夫们喝，并赦免了他们。到秦晋大战时，秦穆公被晋军围困，危急时刻，是这些被赦免的村夫救了秦穆公。这就是秦穆公仁德爱民的福报，而背信弃义的晋惠公则成了秦国的俘虏。

为君者，勤政固然重要，而爱民终是根本；为王者，谋略固然重要，而仁德方是本色。虽然秦穆公的霸业被其所立的第二位晋君晋文公（重耳）所阻碍，没能成为真正的中原霸主，但谁又能说秦穆公不是一个有功有德的君主呢？霸业成败在青史，美名流芳于民心。

晋悼公

——中兴复霸成大业

春秋时代——一个金戈铁马造就英雄的时代，一个各显其能成就传奇的时代。晋悼公，便是这个时代里铸就的传奇英雄人物。他如一道绚烂的雨后彩虹，续写了晋国的辉煌霸业。

晋悼公能登上晋国的政治舞台，仿佛是命运之神特别的眷顾。悼公，姬姓，名周，是惠伯谈的次子，为晋厉公之侄，本来是无缘成为国君继承人的。然而，其时天下诸侯以晋为大的格局已经被打破，骄奢的晋厉公又为权臣所弑，晋国陷入内忧外患之中。这一政坛风雨却成为悼公登上国君之位的契机。由于姬周之兄“无慧，不能辨菽麦”（《左传·成公十八年》），不能立为国君，次子姬周，十四岁的少年便成了晋国的一国之君。

公元前573年，这个少年迎着各国诸侯与晋国朝野上下揣测的目光，无所畏惧地走向他的国君之位，准备用自己还稚嫩的肩膀挑起复兴晋国霸业的重任。正月十五，晋国的大夫们都到清原去迎接新君。一群表面恭顺而各怀心事的大夫们，对这位避居于周室的新君，审视多于敬意。姬周缓缓地向群臣走来，步履坚定沉稳，目光淡定从容，没有侥幸的窃喜，也没有心虚的忐忑。这种君临天下的气势，让在场的群臣不由得心生敬畏。

行至众臣面前的姬周从容不迫地开始了他的“就职演说”，那平和的语气中透着不容置疑的权威：“今日之事，实非我意料之中，如即位为君，亦是天命所至。诸位发布命令百姓不听从，因而要求助于明君。臣民拥立贤明的国君，想来是为了接受国君的命令。如果接到了命令又不听从，那就好比把谷子烧掉；如果接到的命令不合理，那就好比谷子没有成熟。谷子没有成熟，是我的罪过；谷子成熟了却将它烧掉，便是你们的暴虐。如果想拥立贤君以成大义，就在今天；如果想施行暴虐离散百姓，改变百姓侍奉国君的常法，也在今天。请诸位好好图谋一下，是尊奉我为国君还是废黜我，今天都由你们决定。”方才震慑众人的气势和现在从容不迫的语气，已将众臣威慑。这一番言谈，切中要害、不卑不亢，怎不令人折服？列位大臣怎敢不奉命行事呢？于是，君臣订结盟约后，姬周进入了国都，一颗光芒耀眼的政坛明星由此冉冉升起。

正月二十六，悼公到武公庙朝祭。议定国家大事，任命百官，选用贤良，养老抚幼，救济鳏寡，抚恤孤残，赦免囚犯。“惩乱、任贤、安民”的一系列政治改革措施，逐渐使晋国混乱的内政得到整顿，一个年龄未满十五岁的少年国君以令人瞩目的政治才能将曾经风雨飘摇的朝政治理得井井有条，朝廷内外、举国上下心悦诚服。晋国的复霸行动蓄势待发。

这位知人善用的少年君主在驾驭群臣、巩固内政之后，开始施展他非凡的外交才能。他先派遣明智正直的张老到各诸侯国去宣扬国君的声誉，并且暗中观察哪些诸侯是有德的，哪些诸侯是逆乱的。然后，逐步展开自己的中兴大业。

悼公三年，开始会盟诸侯。悼公四年，主持了诸侯国的盟会，发布命令，缔结条约，加强友好，重申旧盟。在这次重要的会盟中，发生了一个似小非小的“插曲”。当时任中军司马的魏绛，杀了公子扬干的车夫。一位以“勇而不乱”著称的武将杀掉一个小小的车夫，似乎并不是一件大事，然而这件事却使晋悼公十分生气。为什么呢？因为这扬干乃是悼公的弟弟，所谓“打狗看主人”，杀了扬干的车夫，等于打了悼公的脸啊！悼公怒气冲冲地对羊舌赤说：“寡人在此会盟诸侯，是何等重要而威严的事，那个魏绛居然在此时羞辱寡人的弟弟，替我逮捕这个胆大妄为的人，不能让他跑掉。”羊舌赤相对于悼公冷静得多，回答道：“我听说魏绛的性格，遇事从不避危难，有了罪过也不避刑罚，估计他不会逃走，应会自己来说明情况的。”话刚说完，魏绛就到了，一脸的视死如归，他把一封信交给专管传命的仆人后，便要拔剑自刎。一旁的士鲂和张老吓了一跳，赶紧死死地拉住魏绛，劝道：“你这是何苦呢？大家都相信，你今日所为必事出有因。我们的国君虽然年少，但睿智英明，一定会明断此事的！”三人纠缠之际，仆人已把信交给了悼公，悼公举信读来，信中写道：“公子扬干在曲梁扰乱了军队的行列，身为中军司马，为严肃军纪，我惩罚了君弟扬干，我也知道这犯了死罪。昔日国君缺乏使唤的人，让我担任了中军司马。我听说在军队里服从军纪为武，宁死不犯军纪为敬。国君会合诸侯，我怎敢不敬奉职守？君王您为此不高兴，我愿请求一死。”悼公读完信，神情大变，满面愧色，急匆匆往外跑，连鞋子都没穿，光着脚跑了出来，拉住魏绛说：“寡人所说的话，是出于兄弟之礼。你治扬干的罪，是执行军队的法纪，何错之有？错在寡人啊！现在请你不要加重寡人的过错了。”晋悼公所言所行让众位大臣，特别是魏绛，暗暗感动钦佩，知错能改、从善如流，不愧为明君。从盟会回国后，悼公特意在太庙设宴招待魏绛，并任命其为新军副帅。魏绛触犯龙颜，不仅未获罪，反而得到重用。“小插曲”就这样以一个皆大欢喜的结局落幕了，也为晋悼公日后称霸于诸侯埋下了伏笔。这个“小插曲”之后，大家不仅佩服魏绛的刚正无私，而且由衷地佩服晋悼公知错即改、任人唯贤。晋国有此明君，复霸于诸侯指日可待。

一年之后，当年的伏笔，此时成为华美篇章。晋悼公的声誉已传播到了戎族各部落。无终国是北戎中最强大的，其国君嘉父派大臣孟乐通过魏绛的关系给晋国送来虎豹皮，以请求晋国与戎族各部落和好。悼公略一思索，说："戎人、狄人与我们没有亲缘恩义，而且一向贪婪，不如趁他们对我国心存畏惧而讨伐他们吧。"魏绛在接受礼物时，心中已有盘算了，此时不慌不忙地说道："对戎人用兵而失掉中原各国，即使成功，也不过就像得到了禽兽而失掉了人一样，这有什么益处呢？戎人、狄人聚族而居，看重财货而轻视土地。我们给予他们财货而获得他们的土地，这是第一个好处；边境一带耕作的农民从此不用再警戒担忧，这是第二个好处；戎人、狄人侍奉晋国，四方的邻国更加畏惧我国强大，这是第三个好处。请君王仔细地考虑考虑。"魏绛之谋，可使晋国在不损一兵一卒的情况下，不费吹灰之力而达到开拓疆域、稳定民心、彰显国威的目的。此等机谋，怎能不令悼公喜形于色？心中对魏绛的赏识更多几分，当即就派魏绛去安抚戎族各部落，魏绛成功地与戎族结盟，晋国开始重新称霸诸侯。

晋悼公这位具有超群政治天赋的少主不负众望，完成了匡复霸业的历史使命，成就了一个了不起的传奇。纵使年少有为，他不及而立之年便离世而去，叹息声歇，犹难忘那掷地有声的朗朗话语，犹难忘那知人善任的谦谦风度。这翩翩少年的惊鸿之影，照亮了乱世春秋。

晋惠公

—— 背信弃义负骂名

晋惠公，名夷吾，是春秋时代晋国的一位国君。在《国语》中，晋惠公是个备受嘲讽的国君，史官预言他“必无后”，国人讽刺他“终逢其咎”。其实这个夷吾也并非无能之辈，《史记·晋世家》记载：“献公子八人，而太子申生、重耳、夷吾皆有贤行。”事实上他在位期间，不仅为晋国社会的稳固和发展做出了一些积极的贡献，而且为其后的晋文公成就霸业奠定了坚实的政治、经济、军事基础。

那为什么晋惠公会被视为昏君呢？这主要是因为其背信弃义的恶行。春秋时代礼崩乐坏，但信义仍被视为重要的道德规范，是立人立国之本，对一国之君来说，也是树立威信和权威的基础。而晋惠公违背诺言，抛弃信义，不敬天子，抛弃礼义，就是这样的品行使他被列入昏君行列，背负起千载骂名。

人生总是在波澜不惊处发生一些意外，既然是意外，就无法预料、难以防范。如果不发生“骊姬乱晋”，可能夷吾仍然是一位“有贤行”的公子，而不会是个留骂名于青史的昏君。骊姬费尽心机使自己的儿子奚齐成为国君继承人，怎知等待他们的却是死亡，权臣里克及其同僚并不承认奚齐政权的合法性，奚齐和骊姬先后被杀。国不可一日无君，公子重耳和夷吾成为君位的候选人。由此，“皆有贤行”的两位公子，在截然相反的取舍中展现出贤与不贤的区别，最终一个成为霸主、一个成为昏君。

面对父亡国乱的“机遇”，知礼守义的重耳婉言拒绝了里克的迎请，而夷吾却为谋得君位巧使伎俩。当夷吾听说吕甥打算接纳自己回国为君时，怦然心动，尽管吕甥建议他厚着脸皮去贿赂秦君，让人颇为尴尬，他还是喜不自禁地对自己的师傅冀芮说：“吕甥打算接纳我回国。”

如同重耳身边的狐偃一样，冀芮也一直陪伴在夷吾身边，只是狐偃为人忠贞而正直，冀芮却是个善于投机钻营的卑鄙之徒。对这样千载难逢的“机遇”，冀芮自然是不会放过的，马上说：“你要把握时机啊。国家动荡百姓惊慌，大夫们心里也忐忑不安，这对于你却是个好机会。不是动乱哪有机会回国继位？不是百姓有危难，何必要立君以安民？但是只要是国君的儿子，都可能继承君位，幸亏他们来找你了。你何不用晋国所有的财富来收买国外的诸侯和国内的大夫，不要吝惜国库空虚，要舍得一切，想方设法回国继位，只要能当上国君，以后有的是办法聚敛财富。”这样无耻的计谋，却正合夷吾之意，两人一拍即合。于是公子夷吾喜滋滋地出来接见使者，又是跪拜又是磕头的。

尽管夷吾已经决定不惜一切代价来夺取君位，但是受晋国所托选立新君的秦国国君秦穆公，还没有确定人选呢。

秦穆公特意派公子絷去吊慰重耳和夷吾，为的是确定谁更适合国君之位。重耳对前去吊慰的公子絷礼貌而冷淡，夷吾的表现却刚好相反。夷吾出来见公子絷，跪拜磕头，站起来后却并不为父丧而哭泣，官方会晤后，又特意私下拜访公子絷说：“中大夫里克已支持我做国君了，我把汾阳一带百万亩田地赏赐给了他；丕郑大夫也已支持我做国君了，我把负蔡一带的十万亩田地赏赐给了他。

秦君如能帮助我回国洒扫宗庙，安定社稷，我一个流亡的人还怎敢计较什么国土？虽然秦君有的是郡县土地，我仍愿再奉上五座城邑，这不是因为秦君没有，而是为秦君东游到渡口桥梁之时，不会再有什么为难着急的事。我愿意执鞭牵马，跟随在秦君的车尘之后。另外送上黄金、白玉，这些微薄的礼物不敢用来报答公子，只配赏给您左右的随从。”

这文绉绉的一番言辞，条理分明、语意委婉，但谁都听得懂，公子夷吾心甘情愿地将晋国的财富拱手送人，是为了得到国君之位。对内笼络权臣、对外贿赂秦君，为谋取君位竟不惜这样卑躬屈膝。

然而，这样的夷吾竟真的被秦穆公扶立为君，成了晋惠公。秦穆公看中的不是城邑，而恰恰是夷吾的不仁德。一个不仁德的国君足以扰乱晋国，而这不正好是自己图霸中原的机会吗？晋惠公继位之后，不仅违背了当初对秦的许诺，还诛杀了里克、丕郑和七舆大夫，大失民心。天怒人怨总相伴，惠公四年晋国发生了饥荒，只能向秦国请求购买粮食，以渡难关。秦穆公不计前嫌、以民为重，安排船只把粮食运到了晋国。

虽然秦穆公再施援手，但晋惠公依然没有知恩图报。当秦国也发生饥荒时，晋惠公却不肯卖给秦国粮食。大臣庆郑劝谏说：“您不能这样。已经赖下了许诺给人家的土地，现在又吝惜那些粮食，忘记了秦国救济我们的善意，又背弃了秦国对我们的恩德，这不就是恩将仇报吗？如果我处在秦国的地位必定会来进攻的。秦国怎会这样善罢甘休呢？不给粮食，秦国一定会来攻打我国的。”晋惠公当然听不进去这样的逆耳忠言，冷漠而固执地说：“这不是你所能知道的。”最终没有卖给秦国粮食。

晋惠公屡次背信弃义的行为，加剧了秦晋两国的矛盾，终于致使秦晋韩原之战爆发。秦军虽然人数少，但同仇敌忾，斗志旺盛。

而晋军虽然人数众多，但君臣离心离德，士气低落。结果晋军被秦军击败，晋惠公成了秦穆公的俘虏。

从因乱被逐到趁乱返国，从“有贤行”的公子到背信弃义的国君，一路走来，福祸相倚。福祸相倚，对我们来说可能只是众多词语中的一个而已，但对夷吾来说却是其一波三折命运的写照。祸兮，福之所倚；福兮，祸之所伏。是祸是福有时只在于一个选择，品德往往比才智更影响这个选择的结果。背信弃义或许能得到一时之利，但其实是将祸端深埋，总有一天会满盘皆输，徒留骂名。

夫差

——拒忠谏霸业成空

吴、越两国是春秋后期兴起的两个大国。两国之间的战事不断，此强彼弱，各有输赢，但笑到最后的是越国，吴国最终为越国所灭。吴王夫差，便是那个亡国之君，自刎而死。这个亡国之君，曾立鸿鹄之志，誓报父仇；曾大败越国，役使勾践；曾南征北战，称霸诸侯。最终一切繁华却有如盛放后的烟花，灰飞烟灭。

在与越王勾践的较量中，夫差最终惨败的主要原因是专横固执、拒纳忠言。与其他成就了霸业的诸侯一样，吴王夫差身边也不乏谋士忠臣，其中最有远见卓识的一位就是申胥。申胥，即伍员，字子胥。申胥是夫差父亲阖闾的股肱之臣，助其夺得君位、助其富国强兵。公元前496年，吴王阖闾伐越，战败身死。太子夫差继位，誓报父仇。公元前494年，申胥助夫差打败越王勾践，夫差父仇得报。然而，君臣二人还没来得及分享胜利的喜悦，就产生了严重的分歧。申胥力主灭越，夫差却要答应越国请和的要求。

因胜而骄的吴王夫差对大夫们说："大败越军，我军士气正旺，我打算趁此实施讨伐齐国的宏伟计划，来实现先王未竟的志愿，因此我准备答应越国讲和的请求，希望诸位不要反对我的计划。如果越国已经痛加悔改，我还要求它什么呢？如果越国阳奉阴违，从齐国返回后，我便整顿军队教训它。这样既能显示出我吴国的大国风范，又能以武力威慑其他诸侯国，不是很好吗？”夫差神采飞扬地夸耀着自己的“德才兼备”。但在申胥眼中，这不是意气风发，而是骄傲自满、得意忘形。

申胥劝阻道：“您千万不能答应越国的请求。越国不是真心与我吴国交好，也不是惧怕我们军队的强大。越王重信义，爱百姓，深得民心。越国的大夫文种有勇有谋，他知道您崇尚武力，争强好胜，所以就用委婉动听的话来动摇您的意志，让您攻打中原各国，使我们的军队疲惫，民众流亡，国力衰竭，然后越国就可以稳稳当当地收拾我们的残局。越国好比一条小蛇，现在我们还有力量战胜它，不打死它，长成了大蛇可怎么办？”

这一番言辞恳切的良言，在夫差听来却是逆耳之言，分明是长他人志气，灭自己威风，夫差沉声说道：“子胥大夫何必把越国讲得那么强大，一条小蛇怎么也不会变成巨龙的，越国怎能成为我们的心腹大患？如果没有越国，那么春秋两季阅兵时，我们向谁去炫耀军威呢？”而后不顾大夫们的劝谏，执意答应了越国的求和。

吴王夫差同意越国的求和之后，就大规模地整顿士卒，准备攻打齐国。已经处于养虎为患的危机之中，又去攻打齐国，不是加速自取灭亡的步伐吗？申胥忧心忡忡地进谏：“过去上天把越国赐给吴国，而您不要，天命也会有反复的。越国对于吴国，是心腹之患。越王不忘被吴国打败的教训，发愤图强，励精图治，时刻等待着向我们报复的时机。现在您不考虑对付越国，却去操心征服齐国和鲁国的事。那齐、鲁两国，如果比作疾病的话，只不过是疥癣般的小病。它们难道会渡过长江和淮河来与我们争夺这儿的土地吗？将来一定是越国来侵占吴国的土地。您违背天意去攻打齐国，民众终会离弃你，那样吴国就该垮了，那您还怎么收拾残局呢？越国人必定会趁机来侵袭我们，那时您即使后悔，也来不及了啊！”

刚愎自用的夫差自然是不听劝谏的，心里对于申胥的不满反倒又增几分，认为申胥处处和自己作对，危言耸听地阻挠自己建功立业。他暗暗地想：你越是反对，我越要出兵。让你看看我吴国怎样称霸诸侯！这时的夫差已是一个野心勃勃、急功近利的君王，不再是当初那个为报父仇与老将申胥齐心协力的太子了。公元前484年，吴国兴兵攻打齐国。出人意料的是，这一战吴国取得了成功，齐军大败。

胜利的消息传来，申胥更加郁郁寡欢。大家猜测他多半是担心吴王的责难。当初最反对夫差伐齐的就是申胥，如今吴国大败齐军，吴王还不得给他些颜色看看？果然，凯旋的夫差冷冷地责问申胥说："过去我们先王圣明有德，通达天意，就像农夫并排耕作一样，与你共理国事，像铲除蒿草一样打败了楚国，立下了威名，这是你的功劳。如今你老了，却不肯自安于闲适的生活，在家待着净动些坏脑筋，出门在外就让我的百姓去违法乱纪，使我的部众遭受苦难，你这样难道不是扰乱法度、危害吴国吗？现在上天降福给吴国，使齐国归顺于我。在你的面前，我岂敢自夸卖弄？取得如此辉煌战绩不过是因为先王的军队得到神灵保佑的缘故。我只是冒昧告诉你这个消息。"夫差先褒后贬的言语中尽是讽刺和怨恨，貌似谦恭的告知透着死亡的讯息。

申胥看着眼前这个冷漠专横的吴王，心里无限悲哀，自己一生风雨坎坷，如今年华老去早已看淡生死功名，放不下的不过是吴国的前途命运，有君如此，吴国注定亡于越国了啊！申胥缓缓地解下佩剑，一字一句地回答道："过去我们先王身边一直有辅佐的贤臣，来帮助决断疑难，权衡得失，所以不至于陷入大难。如今您抛弃老臣，去和年幼无知的人合谋国策。不仅如此，您还习惯说：'我的命令不得违背。'这样的不违背，恰恰是对天意的违背。这样的不违背，正是导致败亡的阶梯啊！老臣们都知道，上天所要抛弃的，必定会先给它个小小的欢喜，而把大的忧患留在后面。如果您伐齐不顺利，或许就会有所觉悟，这样吴国还可以世代延续。可是现在您没有取得成功的条件，而上天赐给您的福禄却屡屡降临，这说明吴国的国运不会长了。我不忍心称病退隐，看到您被越国所擒，我只有请求先死。”

说完申胥便毅然举剑自刎了。这是最后的谏言，以死相谏，只是不知夫差能不能听进一言半语。一代良臣就以这样悲壮而凄凉的方式结束了自己的生命。临死时，申胥说：“把我的眼睛悬挂在国都的东门上，让我看到越国入侵，吴国的灭亡。”申胥希望这临终的遗言能将夫差惊醒，那样或许吴国还有一线希望。可是，一意孤行的夫差根本没有察觉出这份良苦用心，反而震怒非常，大声怒斥：“我不会让他有机会看到什么的！”说完命人将申胥的尸体，装到皮口袋里，投进了滚滚长江。

公元前482年，吴王夫差率精兵参加黄池会盟，与晋争霸获胜，成为盟主，终于实现了自己的霸主之梦。得意洋洋的夫差却不知这是上天赐给他的最后一次福禄了。越王勾践率军借此机会攻入吴都，大败吴师，吴太子被杀。公元前473年，越王再次兴兵，终灭吴国，夫差求和不成自杀而亡。临死前，让人去告祭申胥说：“假如死去的人什么也不知道，也就罢了；假如人死后还有知，我还有什么脸面去见申胥啊！”说完便自杀了。申胥的预言终变成了现实。

可叹以申胥之忠，不能改变夫差的自以为是；以申胥之智，不能改变吴国灭亡的命运。最终，戎马倥偬逐霸业，拒纳忠谏良臣死，叹息徒留；养虎为患不自知，国破家亡食恶果，空霸威名。

虢公

——自欺欺人终亡国

虢国是西周初年重要的姬姓诸侯国，虽曾称雄一时，但到春秋时期已是一个不引人注目的小国了。我们对它的印象可能多半来自“假道伐虢”的典故，一个关于虢、虞两国被灭的典故。虢国的亡国之君，名丑，是周文王之弟虢仲的后代。这位以“丑”为名的国君，在历史上也没有留下美名。在政治上，重神轻民、贪婪专横；在外交上，追随王室、交恶诸侯；在军事上，滥用武力、穷兵黩武。最终，残暴昏庸的虢公一败涂地，虢国为晋国所灭。

但凡亡国之君，多半会有一个尤为突出的缺点，或是残暴不仁，或是荒淫好色，或是无能怠政，这些缺点被国君的特权无限放大后，便导致了山河仍在、家国已破的结局。虢公也是个葬送了家国天下的主儿，那他身上致命的缺点是什么呢？《国语》中对虢公的记述侧重于他重神轻民的缺点。

敬鬼侍神的观念在春秋时期是很普遍的，上至王侯将相，下到庶民百姓，对鬼神都心存敬畏。按照春秋世人的观点，鬼神是崇德尚礼、公正无私的，既能护佑家国，又能赐福于民。鬼神既然被视为守护者，那么人们自然而然会对其恭敬侍奉。这样说来，“重神”的虢公似乎情有可原，那他不可原谅的错便是“轻民”了。确切地说，他错在没有分清“神”和“民”孰轻孰重。虢公“重神”，重到荒唐可笑的地步；虢公“轻民”，轻到祸国殃民的程度。这个眼睛只向“上”看的国君，忘了低下头好好看看周围的世界，忽略了人民的重要性。

“虢公贺梦”便这样荒唐上演了。虢公做了怎样的美梦呢？竟要举国上下为他祝贺。大约是如穿了新衣的皇帝一般，需要国人分享他的快乐、羡慕他的独特品味。虢公的梦的确独特，但实在不美，甚至有几分恐怖：

虢公梦中闲行，不知不觉中走进了宗庙。敬侍鬼神的虢公进了庙，理所应当拜拜神啊。四下里看看，在西边的屋檐下还真站着一个神。

虢公赶紧向前几步，准备虔诚叩拜。一走近才发现，这个神长得实在怪异，非但不是慈眉善目，还长着一脸白毛。此刻正用老虎一样的爪子拿着斧子，瞪大双眼盯着虢公。虢公虽然一向敬爱神明，这会儿也被这不知来自何方的神圣吓得撒腿就跑。只听那神喊道：“不要跑！上天有命令，让晋国进入你的国门。”虢公听见神明降旨，连忙下拜磕头。

一觉醒来，虢公便急召史嚚来占卜梦的吉凶。史嚚听着虢公的述说，眉头越蹙越紧，心里明白此乃警示之梦，上天是派掌管刑杀的神蓐收来警告虢公的，便如实回答说：“按照您所叙述的，那个神应该就是西方之神蓐收了。他是天上主管刑杀的神，上天命令的事情都是通过这些神来完成的。”

史嚚此话的言外之意就是此梦不吉，实乃凶兆。史嚚实话实说是因为忠君爱国，可忠言劝谏遇到昏君便成了危言耸听。虢公本就心有惧意，原本是希望听到史嚚安慰之词，可是耿直的史嚚偏偏又一次戳了他的痛处，恼羞成怒的虢公愤恨地下令把史嚚囚禁起来。但这专横无理的行为仍不能平息虢公心中的忐忑不安，于是这个自欺欺人的国君想出一个“妙招”——要国人祝贺他这个梦是吉利的。仿若这样噩梦就会成为美梦；仿若这样举国欢庆就能得到神明庇佑；仿若这样国人就会信以为真；仿若这样晋国就不能再威胁到虢国的安全。这就是堂堂一国之君的作为，不静思己过、不痛改前非、不励精图治，反而关押良臣、迷信鬼神、欺骗国人。

虢国大夫舟之侨看到虢公的所作所为，痛心地对他的同族人说：“大家都认为虢国不久就会灭亡，我今天终于相信了。一国之君不谨慎揣测神明的意思，反而要国人对晋国的侵袭之梦庆贺，这难道就能减轻自己的灾祸吗？我听说，百姓憎恶国君的邪恶行为，就会违拒他的命令。如今他认为自己的梦吉祥，还要大肆庆贺，他的邪恶行为必然会越来越严重，这是上天夺去他用来省察自己的镜子而加重他的毛病啊！百姓痛恨他的所作所为，上天又迷惑他的良知；大国一旦来诛伐，他所下的命令百姓不服从；公族已经衰败了，诸侯又对他疏远，内外都没有亲近的人，谁能来拯救虢国呢？我实在不忍心看到国家的灭亡啊！”

对虢公失望至极的舟之侨，带领自己的家族离开了虢国，离开了这个注定要灭亡的国家。

虢公荒诞的贺梦之举，使自己众叛亲离而犹不自知。显然，忠诚的太史史嚚、睿智的大夫舟之侨并非仅凭一梦就断定了虢公的下场、虢国的命运。真正让他们心灰意冷的其实是虢公在处理国家大事上表现出的重神轻民意识。随着社会的发展进步，“民”不再是逆来顺受的草芥，“民”的地位不断提高，渐渐地由被神统治的地位上升到和神同等重要的地位。敬神与和民已逐渐成为国君、公卿大夫们心中同样重要的两件大事，得不到“民”的支持和拥护，与得不到“神”的保护和庇佑一样，国家将难以维持，国君将失去君位。为君者不能重民轻神或民神并重，便是昏庸无道的标志。贤明的君主自当与时俱进地重民爱民，虢公背道而驰的行为无疑让大臣和百姓心生寒意，君臣离心、君民离德，国家怎能不日益衰落？

果然，在六年之后，虢国为晋国所灭，自欺欺人的虢公成为亡国之君。要国人为之贺梦的虢公，如同炫耀新衣裸身而行的皇帝一般，自以为能愚弄臣民、诓骗世人，其实不过是将自己推入人神共愤的绝境，变成可笑可怜之人。可笑之人甚是可怜，可怜之人尤为可笑。

二

智者之语

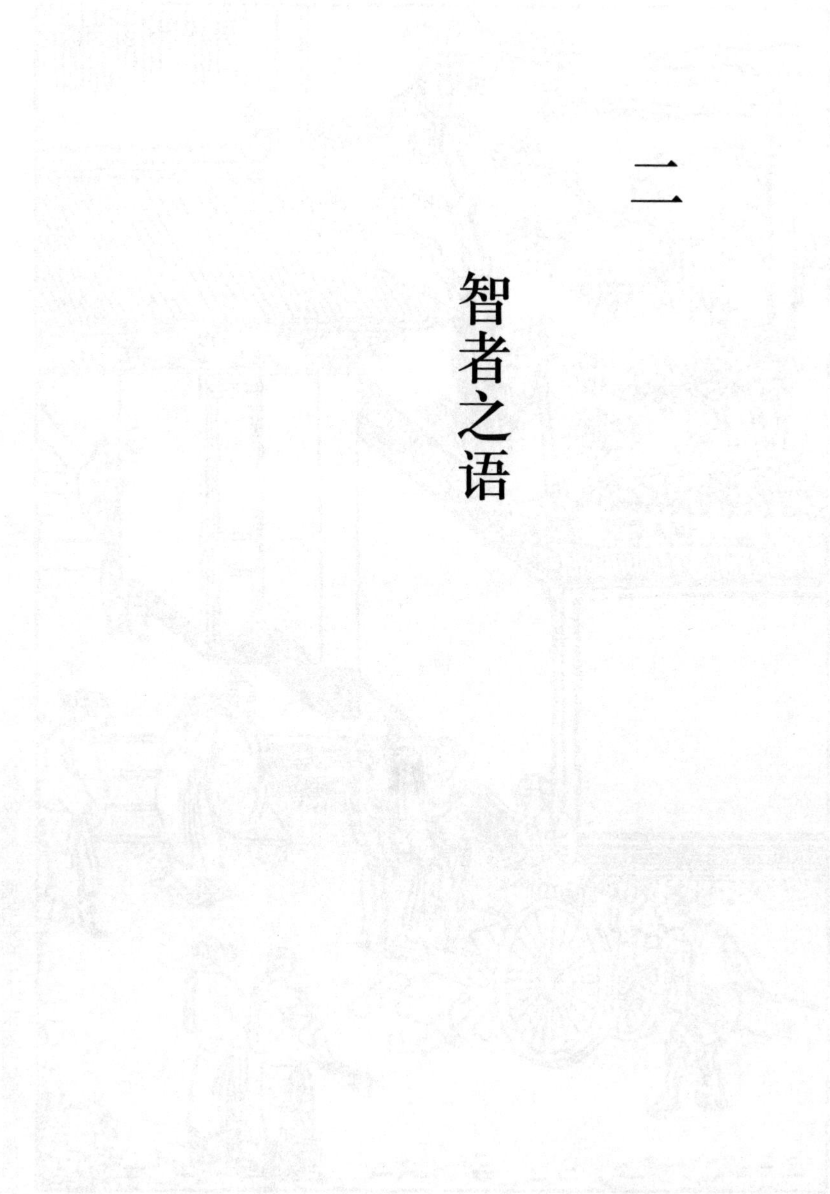

释槛囚鲍叔荐仲（据明末刊本《东周列国志》插图）

单襄公

——先见之明警世人

春秋时代，周王室虽日渐衰微，但仍不乏名门望族的辅佐，单氏家族就是其中之一，单襄公便是单氏家族的优秀代表。单襄公，名朝，又称单子，是周定王的卿士，以预言准确著称。单襄公在《国语》中出现了四次，预言了两国未来和两人命运，均言中，颇有先知的风采。

"先知"这样的称谓，让人心生崇敬以外，总觉得无限神奇，未来那么多变数、命运那么叵测，怎能轻易被看破、参透呢？单襄公难道拥有神秘的超能力？这位功力深厚的高人，他的过人之处不是神秘的特异功能，而是细致入微的观察力、见微知著的洞察力。正是这种能力使他能做出准确的判断和预测。

公元前601年，周定王派单襄公出使宋国，此后又借道陈国去楚国聘问。风尘仆仆的单襄公到达陈国后，发现这个国家呈现出一派颓靡的气息。道路上杂草丛生难以通行；边境上没有负责接待宾客的官员来此迎候；湖泽不筑堤坝，河流不架桥梁，野外堆放着谷物，谷场没有修整，路旁没有整齐的护路树，田里的庄稼稀稀落落；膳夫不供应食物，里宰不安排住处，都邑内没有客房，郊县里没有旅舍，百姓都去为夏氏修筑台观。一路走来，单襄公不禁暗暗叹息。终于到了陈国都城，陈国国君和大臣依然没有前来会见。原来，陈灵公与大臣孔宁、仪行父穿戴着楚地流行的服饰到夏氏家玩乐去了。

单襄公回朝后告诉周定王说："陈侯如果不遭凶灾，国家也一定要灭亡了。"周定王问："何出此言呢？"单襄公不由得长叹一声答道："陈国现在处于危患而不自知。按照先王的教导，这个季节应该修建道路、修整城郭宫室、修造桥梁，储藏谷物、备好冬衣，准备过冬了。可是陈国却是杂草堵塞道路，谷场荒置废弃，河流不备舟桥，湖泊不筑堤坝，这是丢弃了先王的遗教。

"按照周代的制度，边境应有接待宾客的设施，田野没有丛生的杂草，种植树木以标明道路。农时不被耽误，劳力不被浪费。都城中各类人员职责分明，郊外的民众劳作井然有序。而如今陈国的道路无法辨认，农田埋没在杂草丛中，庄稼熟了无人收割，百姓为国君的享乐而疲于劳作，这是抛弃了先王的法度。

"按照周代《秩官》所说，地位相等国家的宾客来访，负责守关的官员向国君报告，负责迎宾的官员持符节去迎接，卿士到郊外表示慰问，百官各按职责照应，尽力做到宾至如归。如果是大国的客人到了，接待的规格就提高一个等级，就更加恭敬有礼。至于天子派官员到来，则由各部门的长官接待，上卿加以监察。如果天子下来巡视，就由国君亲临监察。如今我虽然没有什么才能，但还是天子的亲族，是奉了天子的使命作为宾客而途经陈国，然而主管的官员却不来照应，这是蔑视先王所制定的官制。

"按照先王的法令，上天是奖善惩恶的，不允许违背法令，不迁就怠惰放纵。如今陈侯不顾念历代相承的法度，将自己的夫人妃嫔丢在一边，却带着下属到夏氏那里去恣意淫乐，这不是亵渎了姬姓吗？陈侯是我们大姬的后裔，却丢弃正式的礼服而穿戴楚地的服饰外出，这不是简慢了礼制吗？这也是违背了先王的法令。

“像这样丢弃先王的遗教、抛弃先王的法度、蔑视先王的官制、违背先王的法令，还如何能守住国家呢？处在大国中间，却抛弃了先王的遗教、法度、官制、法令，怎能长治久安呢？”

周定王听完单襄公的话，连连点头，单襄公的这番长篇大论条理太分明了、论据太充分了！所有的判断皆来自他细致入微的观察，从陈国的国家风貌、建筑设施、礼节风尚、时令农工、君臣作为等各个方面进行了深入的分析，得出了陈国必亡的结论，让人不得不信服。果然，周定王八年，陈灵公因淫乱被夏徵舒所杀。第二年，楚庄王攻入陈国。单襄公的预言成真了。

不幸被单襄公言中的不只有小国陈国，还有大国晋国。公元前574年，单襄公参加柯陵盟会，鲁成公会见单襄公时，忧心忡忡地说起晋国为难鲁国的事。单襄公淡然一笑说：“您有什么可担心的呢？晋国很快就要发生内乱，国君和三郤恐怕都要大难临头了。”鲁成公惊喜地问：“我担心躲不过晋国的问罪，如今您说晋将有内乱。恕我冒昧，请问您这是从占卜得知的天意，还是根据人事推测出的呢？”单襄公答道：“我不是乐师和太史，怎么会知道天意呢？我不过是看到晋君的神态，听到三郤的言谈，觉得他们必将惹来灾祸。晋厉公走路时眼望远处，脚步抬得很高。眼望远处，常常看不到合适的地方；脚步抬高，常常会失去应有的德行。为君者行为不谨慎，国家也会跟着遭殃。郤锜语多冒犯，郤犨谈吐迂阔，郤至则自吹自擂。言语冒犯会伤害别人，谈吐迂阔会诬妄别人，自我吹嘘则会掠人之美。三人位高权重、备受宠信，地位越高越容易垮台，加上如此言谈，与人结怨，谁能容忍他们的嚣张跋扈呢？”鲁成公听了单襄公的话，心里颇为安慰。事实再一次证明，单襄公见微知著的洞察力之精准。周简王十一年，诸侯在柯陵会盟；十二年，晋厉公杀了三郤；十三年，晋厉公被栾书等人所弑，葬于翼城东门外，葬礼只用了一车四马。

似乎单襄公总是一语成谶，其实他也预言过优秀人物的命运。晋国孙谈的儿子公子周来到周室，辅佐单襄公。单襄公对他非常器重，在自己病重时，还特意嘱咐儿子要好好对待公子周，并预言公子周将来会成为晋国的国君。单襄公有此预测，依然是基于细心观察。根据平日里对公子周言谈举止的观察，发现公子周德才兼备，加之对晋国国情的分析，得出公子周必将成为晋君的判断。单顷公记住了他父亲的告诫，善待公子周。晋厉公被弑以后，晋人果然迎立公子周为国君，他就是后来复兴晋国霸业的晋悼公。

这就是“先知”单襄公的传奇事迹，看似神奇的预言，其实不过是来自对人、对事的冷静观察与客观分析。只是生活犹如一个头绪纷杂的谜面，身在其中的人常常百思不得其解，即使谜底那样简单。浮世繁华悄悄地缭乱了明眸、迷惑了慧心，让我们与近在咫尺的答案擦肩而过。

王孙满

——观秦师智论成败

王孙满，名满，春秋时周大夫。虽然他的名字在先秦典籍中出现得并不频繁，但每次出场总是让人对他的敏锐与智慧惊慕不已。面对观兵周疆、问鼎中原的楚庄王时，王孙满的回答刚柔相济："周德虽衰，天命未改，鼎之轻重，未可问也。"（《左传·宣公三年》）面对偷袭郑国、免胄下拜的秦师时，王孙满的预言一针见血："秦师必有谪。"（《国语·周语》）

值得一提的是，面对咄咄逼人的楚庄王时，王孙满已是周定王倚重的大臣，而观秦师论成败时不过是个年纪尚幼的"小辈"。小小年纪就有如此敏锐的目光、过人的见识，难怪史官也忍不住为他特书一笔。周襄王二十四年，这一年也算是多事之秋，郑国国君郑文公、晋国国君晋文公先后辞世。有争霸中原之心的秦穆公多年来一直处心积虑地谋求向东发展，如能趁此机会袭取郑国，便可进入中原与晋分羹，打破晋国独霸中原的局面。图霸心切的秦穆公不顾大夫蹇叔的苦苦相劝，执意袭郑。于是，命令孟明视、西乞术、白乙丙三帅率兵东进。当三百多辆战车浩浩荡荡路过周王都城的北门时，车上的武士只是除去头盔而不解甲就下车行礼，随即又跃上车去。年纪尚轻的王孙满看到秦军轻狂散漫的样子，对周襄王说："秦军肯定会吃败仗。"

周襄王看着眼前的小王孙满，觉得这是一句无忌的童言。且不说秦国是西方大国，国君秦穆公是位内修国政、外图霸业的有为之君，就是这浩浩荡荡的大军对遭受了国丧的郑国来说也是很难应付的。这些军国之事并不是年纪尚幼的王孙满所能了解的，不过王孙满虽小却一向聪明而谨慎，他说这样的话也许自有道理。周襄王便问："你为什么这样说呢？原因是什么？"王孙满自信地答道："因为秦军行礼免胄而不解甲，这与'礼'相违，不但透露出耀武扬威的轻狂，而且透露出对天子的轻慢。秦军的行为轻佻而骄横。轻佻便会少谋，骄横便会无礼。无礼就没有纪律，少谋就将自陷险境。既入险境又无军纪，怎能不失败呢？秦军如果不吃败仗，那自古以来代代相传的道理就该被丢弃而不再令人信服了。"

周襄王听了王孙满的论断，不由得点头微笑，虽然现在还无法看到秦军失败的最终结果，但王孙满那细致入微的观察和环环相扣的逻辑推理，使他的预言很有说服力。能战无不胜的军队，必然要具备良好的素质，而纪律和多谋无疑是两项重要的素质。没有纪律，人数再多也不过是乌合之众；没有计谋，遭遇险境必然会束手无策。这样的秦军远袭郑国，如路遇意外敌情必然会导致失败的结局。王孙满的推理符合逻辑、严谨细密，既揭示了事物发展的必然性，又具有深刻的哲理性。

《国语》中记载的这番王孙满智论成败的言辞，秦军统帅是无缘听到的，即便听到可能也会不以为然。于是，散漫而轻狂的秦军继续其千里迢迢的"冒险之旅"。果然，神气十足的秦军如王孙满预言的那样遇到了险境。郑国商人弦高在滑国遇到了经过此地的秦军，机智的弦高以郑君名义犒劳秦师，并报信给郑国。郑国得到消息后驱逐了在郑国做内应的秦将。这样的突发状况，使秦军统帅不得不放弃了袭郑计划，但也不能白跑这么远啊，倒霉的滑国遭遇了飞来横祸，被不想空手而归的秦军给灭掉了。满载战利品的秦军还犹自暗暗欢喜，哪知归途已经危机四伏。

晋国早有攻击秦军的打算了。前一年冬天，晋文公去世，晋人准备将其灵柩运送到曲沃去安葬，刚出绛城，就听到灵柩中发出像牛叫一样的声音。卜偃赶紧让大夫们行跪拜礼，说："国君在向我们发布军事命令。不久后秦师将越过我国边境，如果我军攻击他们，一定能取得重大胜利。"这带有奇幻色彩的小插曲来自于《左传》，它暗示着秦晋两国的关系将出现重大的转折。但秦晋友好的强强联盟已不是一天两天的事，何况秦穆公曾扶立两位晋君，有恩于晋，这使晋国政坛内部为此产生了分歧，一派认为秦晋之好不应被破坏，一派认为把握时机取得胜利尤为重要。新继位的晋襄公是位善纳良言的君主，最后决定对秦用兵。这年夏四月辛巳，晋襄公穿着染成黑色的孝服，率兵出战，在崤山打败了灭滑回师的秦军，俘虏了秦军三帅孟明视、西乞术、白乙丙。

这就是春秋史上著名的崤之战。此役之后，秦晋两国的关系从友好变为敌对。秦国自此采取了联楚制晋的策略，成为晋国在西方的心腹之患。而晋国为了保持霸主之尊，也不得不应对秦、楚两个大国的不断挑衅。

时间和历史证明了王孙满的远见卓识。可叹年纪尚幼的王孙满便有如此真知灼见，而以贤明著称的秦穆公此次却没能高瞻远瞩。并非秦穆公智不如人、年老昏聩，只因受了野心的驱使，失去了正确的判断力。志存高远固然好，只是雄心壮志和野心勃勃比邻而居，心中一念，执着成贪婪，成败悄然定。而年幼的王孙满心中无碍，目光自然清明。我们常说，简单明了，但是不是真的体悟到了"只因简单，所以明了"呢？

宫之奇

—— 唇亡齿寒千古训

宫之奇，春秋时期虞国的大夫。虞国是与强大的晋国相邻的弱小国家。国家虽小，却不乏能臣智者。正因为这些谋臣的存在，使虎视眈眈的晋国不敢为所欲为。宫之奇便是最为晋君所忌惮的一位谋臣，他善于识人、明于料事，对内举荐百里奚，与之共理朝政，合力辅佐虞君；对外联合虢国，与之结盟拒晋，使虞国国运绵延。

在攻伐不断的春秋，虞国这样的小国能安然自处，实在是有些匪夷所思，大灰狼一样的晋国怎能甘心让小肥羊般的虞国就这样在自己嘴边晃来晃去呢？晋国是个武装到牙齿的强国，牙好胃口就好，看着身边的两只小羊——虢国和虞国，总是垂涎三尺。晋国的国君晋献公是个野心勃勃的君主，这种只能看不能吃的状况，实在令他寝食难安。

知君莫若臣，近臣荀息怎能不知晓晋献公的心事呢？食君之禄，分君之忧。荀息终于想到一个可以破坏虞虢同盟的办法，他建议用屈地出产的宝马和垂棘出产的玉璧向虞国借道来攻打虢国。晋献公一听心疼地说："这都是我的宝贝啊！"荀息望着晋献公微微一笑，回答说："如果向虞国借得道路，这些宝物就好像放在我们自己的外库中一样。"晋献公想了想又说："宫之奇在那儿啊。"

荀息胸有成竹地回答说："宫之奇的为人，懦弱而不能坚决进谏，再加上他从小与国君一起长大，虞君和他过于亲昵，即使他极力劝谏，虞君也不会听从的。"晋献公觉得此计可行，便派荀息去向虞国借道。虞君一见那两样稀世之宝，马上心花怒放地答应了借道的请求，不但不听宫之奇的劝谏，还主动请缨要先去攻打虢国。一切竟比荀息料想的还顺利！于是晋国的里克、荀息率领军队会合虞国的军队，攻打虢国，灭亡了虢地下阳。虞虢两国一向坚固的攻守同盟就此彻底被打破了。

这是虢虞两国为晋所灭的序曲。《左传》中这段"假道伐虢"的记载可以帮我们勾画出一个更为真实而立体的宫之奇形象。作为一个出色的政治家，他不仅有令人钦佩的才干，还有令人扼腕叹息的命运。纵使腹有良谋，奈何辅佐了一个见利忘义、目光短浅的草包国君！这也是为人臣者的悲哀，能臣又如何？除非你得遇明君、除非你的劝谏迎合国君的心意，否则不仅不会被采纳，还会因此被疏远冷淡，比如屈原；更不幸的可能会无辜领罪，比如司马迁。宫之奇的懦弱何尝不是因为这样尴尬的境遇呢？但即便处境尴尬，他依然对自己的国君忠心耿耿，为自己的国家深谋远虑。

三年后，公元前655年，晋国再次向虞国借道伐虢，这一次晋君已存了一石二鸟的心思。唯利是图的虞君显然对这样昭然若揭的企图毫无察觉，忧心如焚的宫之奇进谏说："晋国侵略的野心怎可开启？一次已经很过分了，难道还能有第二次吗？虢国，是虞国的屏障。虢国灭亡了，虞国必然在劫难逃。谚语说的'辅车相依，唇亡齿寒'，就是指虞国和虢国这样的情况啊！"（《左传·僖公五年》）"唇亡齿寒"掷地有声，深谋远虑的宫之奇以其犀利的眼光看透了晋国狼子野心的本质，以其锐利的言辞警告虞君国之将亡的危机。怎奈宫之奇这边苦口婆心地摆事实、讲道理，虞君那边却置若罔闻、不以为然，他心里正偷偷地盘算着这次自己又能捞到什么好处、得到什么宝贝呢。虞君犹如一条吃着鲜美鱼饵的鱼，他只贪恋鱼饵的美味，却忘了鱼钩致命的危险。

宫之奇的劝谏再次被傻头傻脑的虞君给忽略了，虞君又一次答应晋国的借道请求。心灰意冷的宫之奇出来后哀叹连连，对自己的儿子说："虞国快要灭亡了！只有以忠信立国的人，才能让他国的军队留驻在自己的国土而不受其伤害。清除内心阴暗的欲念和愚昧以应付外面世界的诱惑和压力叫作忠，坚持正确的立身之道以待人处世叫作信。现在我们的国君把自己所不能接受的祸害施加给虢国，说明他阴暗的私心和自身的愚昧没有除掉；为了晋国的宝物而让自己的兄弟之邦灭亡，就是没有坚持正确的立身之道。一个国家没有忠就不能自立，没有信就不能稳固。已经不忠不信，还要借道给外寇，晋国了解了我们的弱点，灭了虢国回师途中肯定会算计我国的。虞国已经自己拔掉了立国的根本，怎么能长久存在下去呢？我如果不离开虞国，恐怕就要赶上灾祸了。"无力保国、只能保家的宫之奇带着妻子儿女逃到西山躲避。三个月后，虞国果然如宫之奇所预料的那样被晋国给灭亡了，"唇亡齿寒"变为现实。

大灰狼吃掉小肥羊，大国吞并小国，这似乎很符合春秋时代弱肉强食的特点。然而，再想想，这世界哪有绝对的强者与弱者？如果虞君能纳谏如流、敬贤礼士，如果虢君能亡羊补牢、知耻后勇，虞虢两国坚守同盟，那晋国哪还有可乘之机？在成为强者或弱者之前是选择成为强者或弱者。虞君选择成为弱者，依附强国晋国，结果被人笑了千年，成为"唇亡齿寒"最经典的注解。

声伯

——深谋远虑辞贿赂

手握权柄的为官者，总是一个相对特殊的群体。廉洁自律者，为官一任造福一方；贪婪放纵者，以权谋私害人害己。早在先秦时期，廉洁自守就被视为“仕者之德”“国之大维”。《楚辞·招魂》中有“朕幼清以廉洁兮”之句，王逸注：不受曰廉，不污曰洁。大意就是不贪财货，立身清白。

古之为官者，虽然没有纪检委或廉政公署的监督，但亦有从政为官的基本规范来约束自律。“廉洁”便是其中一个重要的基本规范。古人认为廉洁即不苟取，意即所作所为不能越礼违法。是否越礼违法也就成为有识之士判断为官者命运否泰的一个标准。虽然不越礼法的本质是为了维护自身的长远利益和根本利益，但是客观上起到了于己于家于民于国皆有益的作用。

“子叔声伯辞邑”讲的就是一个辞谢贿赂的故事，这是古人劝谕为官者廉洁自守的经典案例，对于当今的从政者何尝不是一部浓缩的警示教育片？子叔声伯，是鲁国的大夫。一次，鲁国国君派他出使晋国，为的是请晋国放回被其扣押为人质的鲁国正卿季文子。公事处理完毕，难免要会一会私交旧友。郤犨这位晋国的卿大夫，便是声伯要与之见见、聊聊的人，他与子叔声伯有姻亲关系。

郤犨的妻子是声伯同母异父的妹妹。当初，声伯妹原本已经嫁给了施孝叔，不想被来鲁国聘问的郤犨看中。郤犨是晋国的实权派，声伯担心拒绝婚事会得罪晋国，无奈地决定把施氏的妻子夺过来给了郤犨。就这样，声伯和郤犨成了亲戚。或许是为了表示感谢，或许是为了炫耀权力，郤犨想请晋君封给声伯城邑。子叔声伯知道了，非但没有暗暗欢喜，反而推辞不受。声伯这“不知好歹”的行为，不免引人非议，大国的卿大夫主动示好，两人又是姻亲，何必故作清高地拒绝呢？

忙完大小事宜，声伯回到了鲁国，风言风语也跟着回来了。终于，大夫鲍国忍不住来找声伯“谈心”，直截了当地问道：“你为什么辞谢郤犨为你请封的城邑，是真的想辞让呢，还是知道他办不到？”声伯看着神色急切的鲍国，安抚地笑笑，回答说：“我听说，不是粗大的栋梁，不能承担沉重的压力。你说什么是最沉重的压力，什么是最好的栋梁呢？在我看来，最重的压力莫过于国家，最好的栋梁莫过于有德。”

鲍国心想：这个声伯在这儿卖什么关子呢？讲这些大道理给谁听呢？这不是所答非所问吗？声伯看出鲍国的心思，赶紧切入正题道：“郤犨想插手晋、鲁两个国家的事务，但却没有很高的德行。这就好比不是栋梁之材，却偏要承担栋梁才能承担的重压。你说这是不是很危险的事呢？郤犨现在虽然有权有势，但是他的地位不会长久，败亡就在眼前，像得了瘟疫一样，我担心他很快就会垮台的。”

声伯的话成功地消退了鲍国不耐烦的神色，他继续说道：“郤犨有三个败亡的原因：缺少德行却深受晋君宠爱；地位不高却想干预国政；没有大功却贪图丰厚的俸禄，这些都会招来他人对他的怨恨。而且晋国国君晋厉公为人骄横，身边有许多奸佞之臣，每次打了胜仗回国都要新立几个大夫。现在他刚刚战胜楚国回来，一定又会论功行赏立新大夫。立了新大夫，却不顺应百姓的意愿除去他们所厌恶的旧官员。按照百姓的意愿，不是招怨多的官员，百姓就不会攻击他。郤犨方方面面招来的怨恨，可以说是够多了。他自身尚且不能保全，怎么还能请求封给别人城邑呢！”听完声伯辞邑的理由，鲍国面露钦佩之色，说：“你辞谢的不是城邑，而是危机啊！我确实不及你啊。倘若我的家族中有什么祸兆，恐怕我是难以预先考虑到的。现在你深谋远虑辞让了城邑，将来你一定会保持住稳固的地位。”

难怪鲍国有此感慨之词，子叔声伯在处理这件事上的确表现出令人敬佩的“仕者之德”。首先是其廉洁自律的优秀品质。虽然声伯也是个“不差钱”的公务员，但郤犨以城相贿，不管怎样都是一份令人怦然心动的诱惑，声伯却毫不心动地辞谢了，这份坦坦荡荡、淡定从容，令今天多少贪官汗颜啊！其次是其深谋远虑的政治眼光。虽然声伯因形势所迫不得不将妹妹嫁给郤犨，但他并非趋炎附势之辈，他对郤犨的骄奢贪婪、晋君的骄横不智有着清醒的认识，深知这样越礼违法的行为必将招致灾祸。正如孔子所言，君子不立于危墙之下，声伯明智地选择了趋利避害。后来，郤犨果然被晋厉公所杀，晋厉公亦被栾书等人所弑，薄葬于翼城东门。

那么，子叔声伯是不是像鲍国说的那样一直保持住了稳固的政治地位呢？声伯最终的结局又是怎样呢？偏重于记述历史人物言论的《国语》并未提及，我们倒是在“艳而富，其失也巫”的《左传》中看到了声伯的终局。公元前574年的一天，声伯和身边人说起他三年前做的梦。当时，声伯梦见自己徒步蹚过洹水，有人给他美玉，他吃了下去，哭泣时泪水都变成了美玉，落满了怀抱。他跟着那个人唱道：“渡过洹河水，有人赠给我美玉。回去吧！回去吧！美玉装满了我的怀抱！”现代人可能觉得这是个美梦，连眼泪都能变成美玉，一定要发财了。可声伯醒来后却很害怕，甚至不敢占卜问吉凶。要知道，古人死后是含珠入殓的，所以声伯认为梦珠不祥。但提心吊胆了三年并没发生什么，声伯以为无碍了，便给人讲起自己的旧梦，并说："那时候我害怕死，所以不敢占卜。现在有这么多人跟从我，而且已经有三年了，再不会有伤害了。"可是这次眼光敏锐的他没有说准，说完这个梦以后，到了这天黄昏时分声伯便死去了。

在惜墨如金的史书中，子叔声伯事迹的完整度是较高的，不只记载了其主要的政治活动，还记载了他的亲人、他的辞世。或许正是因为史家对其廉洁自守之品格、深谋远虑之眼光的赞许，才会如此这般不惜笔墨。入仕为官者，是选择越礼违法、声名狼藉、不得善终，还是选择廉洁自守、民心所向、留名青史，自是不言而喻。纵使名缰利锁如网羁绊，只要前进的方向与践行的脚步时时有廉洁自律的心在维系，子叔声伯便不是一个传说，而只是一个先进工作者。

史苏

—— 齿牙为猾祸乱始

史苏，春秋时期晋国大夫，负责占卜和记事。在当时，史苏以占卜灵验、为人正直著称。其留名于史册也正是因为他准确地预言了“骊姬乱晋”这一重大历史事件。充满神秘色彩的占卜和诱人而危险的蛇蝎美人，透过历史的尘埃，散发着迷幻的香气，引人前往。

红颜成为祸水，总是离不开男人的成就。这个男人必定不凡，或者说曾经光芒夺目。晋献公就是那个成就了骊姬的男人，一个身披光环的男人。晋献公是位“奠霸”之君，在位期间南征北战、开疆拓土，为晋国称霸诸侯奠定了基础。然而，如果不是雄心勃勃，如果不是戎马倥偬，如果不是旗开得胜，如果不是莫测的命运，也许晋献公会是一位更杰出的君王。如果不是命运弄人，如果不是国破家亡，如果不是万般宠爱，如果不是步步为营，也许骊姬依然只是一个默默无闻的美丽女子。历史抹去了所有“如果”，两个人相遇了，没有成就爱情传奇，却成就了祸患无穷，倒也成就了史苏占卜灵验的美名。这一切开始于一场战争，晋国与骊戎国的战争。

打算出征的晋献公让史苏占卜伐骊戎的结果，史苏占卜后神色凝重地说：“此役您能取胜，但不吉利。”出兵打仗不就是为了取胜吗？取胜了怎么还会不吉利？这不是莫名其妙吗？晋献公皱起眉头问道："此话怎讲？"史苏回答说："从兆象看是'挟以衔骨，齿牙为猾'，就是互相夹持，骨头在口中，齿牙咬弄着它。齿牙交对，这象征晋国和骊戎的互相冲突、交替取胜，所以我才说胜而不吉。而且兆象最怕遇到口，口意味着百姓离心，百姓离心国家将会不稳啊。"晋献公不以为然地说："哪来什么口！口由我控制，我不接受，谁敢说话？谁敢挑起事端？"看到晋献公如此骄纵，满心忧虑的史苏劝说道："假如连百姓都可以离弃，那么入耳的甜言蜜语必将不分是非地欣然接受。如此放纵而不自知，又怎么防止祸患呢？"

主意已定的晋献公拂袖而去，不顾史苏的劝阻出兵讨伐骊戎，走向那改变未来命运的一役。晋献公这一战竟如此顺利，不仅大获全胜，而且俘获了美人骊姬。这个来自敌国的女子那般迷人，晋献公对她宠爱非常，将她立为夫人。春风得意的晋献公设酒宴款待大夫们，炫耀自己的胜利与幸福。酒宴上，对史苏的预言耿耿于怀的晋献公特命司正官给史苏斟满酒，并说："只饮酒不许吃菜。这次讨伐骊戎的战役，你说'胜而不吉'，所以现在虽赏你酒，却罚你无菜饮酒。战胜敌国得到爱妃，还有比这更大的吉利吗？"史苏端着手中的酒，一饮而尽，低头拜谢说："我是负责占卜的史官，兆象上有的，我不敢隐蔽。隐蔽兆象的内容，就失了做臣子的职责。如果有了这样的罪过，那还怎么侍奉国君呢？大的惩罚将要临头，不只是没有菜下酒的问题。国君也许是喜欢吉兆而防备凶兆的，虽然凶兆没有出现，防备又有什么害处呢？如果真的出现凶险，防备了也可以减轻些。我占的卜不灵验，是国家的福气啊，我岂敢害怕受罚呢。"史苏这番柔中带刚的话，是对沉迷于"幸福"中的晋献公的再一次警告。可惜，那个眼中尽是美好未来、心中尽是丽人倩影的国君，已经什么也听不进去了。

饮完那杯酒，口中苦涩、心中更苦涩的史苏走了出来，长叹一声，对大夫们说："有男戎必有女戎。如果说晋国以男人的力量战胜了骊戎，那么骊戎也一定会用女人的力量战胜晋国的，那时该怎么办啊？”大夫里克闻言不由问道：“您的话是什么意思啊？”史苏愁眉不展地说：“过去夏朝的桀讨伐有施氏，有施氏的人把妹喜进献给桀，妹喜得宠，于是就与伊尹一起使夏朝灭亡。商朝的纣讨伐有苏氏，有苏氏的人把妲己进献给纣，妲己得宠，于是就与胶鬲一起使商朝灭亡。周幽王讨伐褒国，褒国的人把褒姒进献给幽王，褒姒得宠，生了伯服，于是就联合虢石甫赶走了太子宜臼，改立伯服为太子。宜臼出走申国，申国人、鄫国人邀集西戎一起讨伐周，西周由此而灭亡。现在我们的国君德行不高，又被那个俘虏来的女人所迷惑，对她宠爱无度，在我们国君的身上难道没有夏、商、西周三朝的末代君王的影子吗？而且我占卜讨伐骊戎的胜败时，那兆象上说：‘挟以衔骨，齿牙为猾。’这可是败国的征兆啊！像这样，非但我们不能安居下去，国家也有分裂的危险。没有人从外面入据晋国，可以说是挟持吗？没有人得宠于国君，可以说是衔骨吗？如果有人入据晋国而且得宠于国君，干出谗言献媚的事情，谁敢不服从？晋国服从骊戎的女人，不是失败又是什么？参预国政的人不能不警戒，亡国没有几天了！”

史苏的话不免有“女祸论”的意味，但这种危机感更多地来自历史的教训、来自对晋国现状的深刻了解。果然，心中有了恨意的美人，渐渐地成为祸水。当骊姬生下了一个男孩——奚齐，史苏知道一出悲剧将要上演了，如今的骊姬与当年的褒姒何其相似啊！上朝时，史苏对大夫们说：“你们可要戒备啊，祸乱的根子已经产生了！当年，国君立骊姬为夫人，百姓不满的心态原就达到了极点。现在骊姬又生下了儿子，难道这是天意？上天加重了晋国的灾祸，百姓的不满已经变成了憎恨，内乱就要发生了！我听说砍伐树木不从树根开始，必定会重新萌生；堵塞河水不从源头开始，必定会重新流淌；消灭祸乱不从根本着手，必定会重生祸乱。如今国君杀了骊姬的父亲却又留下骊姬，这正是祸乱的根基啊！国君喜欢她美丽的外貌，必定会答应她的要求、纵容她的欲望。然而，虽然骊姬外貌很美，但不能算是真正的美。她想报杀父之仇而野心无限，这使她的内心丑恶。这个面如桃李、心如蛇蝎的女人非常危险，她得到国君的宠爱必会进一步膨胀她的欲望、扩张她的野心。长此以往必定会使晋国败亡，还将造成深重的祸乱。祸乱一定来自骊姬这个女人，夏、商、西周就是这样因为女人而亡国的啊！”

眼光敏锐的史苏，心里却充满深深的无力感，因为他无法改变固执己见的晋献公，只能竭尽所能地警告诸位大夫。占卜是他的工作，忠君爱民是他的职责，史苏已尽心尽力了。后来骊姬果真作乱，她以防备敌国的入侵、不让晋国受到耻辱为借口，请求晋献公派太子申生去曲沃以逼他速死，又派公子重耳去蒲城、公子夷吾去屈地，而把奚齐留在国都绛。晋献公同意了她的所有请求。最终，太子申生被害死，公子重耳和夷吾被驱逐。

史苏的预言成真，红颜真的成为祸水。有识之士称赞史苏洞察了灾难的根源。但也许史苏心里更希望艳如桃李的美人可以自由自在地笑看春风，开疆拓土的君王可以心满意足地乐享天伦，占卜灵验的自己可以心安理得地千虑一失。

三 谏臣之语

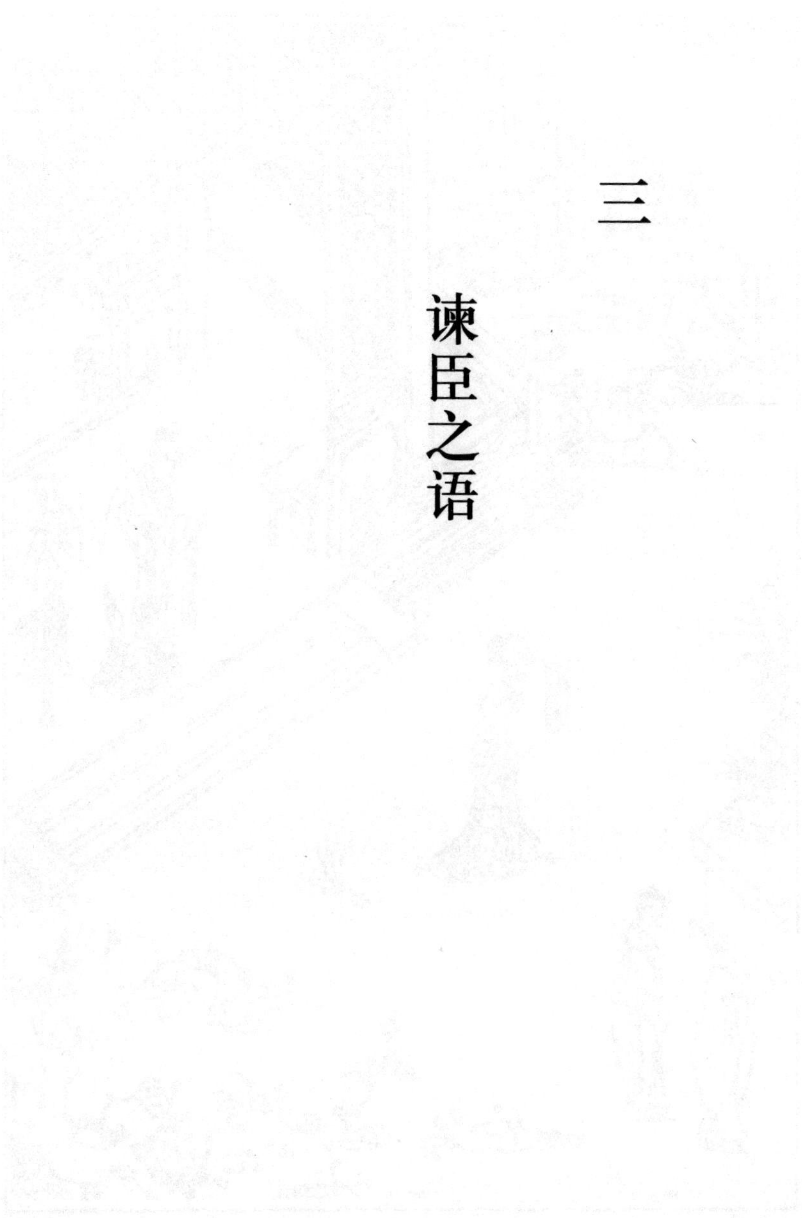

骊姬巧计杀申生（据明末刊本《东周列国志》插图）

邵公

—— 用心良苦谏暴君

“防民之口，甚于防川。”这句千年前言简意赅的话，如今听来仍振聋发聩。话音之外，仿佛隐隐看到愁眉深锁的谏臣，昏聩暴虐的君王，敢怒不敢言的百姓。这是一个谏臣与暴君的故事，谏臣屡谏无果，不改忠义；暴君拒纳忠言，不得善终；百姓被逼无奈，终不平则鸣。

邵公就是那位用心良苦的谏臣，名虎，是西周初召公奭的后代，当时在朝廷中担任卿。周厉王就是邵公屡谏的暴君。他在位期间，贪狠好利、横征暴敛，使黎民百姓生活在水深火热当中，被称作西周最大的暴君。暴君者，专制无道、残酷或野蛮地行使专制权力的统治者也。这极具批判性的“暴君定义”，用来形容周厉王实在不能算是冤枉他。

面对周厉王的暴虐无道，苦不堪言的百姓无力改变现状，只能私下里发点牢骚、讥讽一下时事。有说话的，便有听音的。邵公便是那个敏锐的“听风者”。从百姓的咒骂声中听出危险的邵公忧心如焚，身在朝堂的他怎能不知周厉王的暴虐和政局的混乱？只是没想到已经到了怨声载道的地步，长此以往，国家一定会出现祸乱的啊！不能再沉默了，必须去劝谏周厉王了。

邵公告诉周厉王说："百姓已经有怨言了，这说明民众承受不了残暴的命令啦。"周厉王一听非但没有悔意和自责，反而愤怒非常，这些无知的草民竟敢诋毁高高在上的天子！无道的周厉王听到的只是百姓对他的讽刺，完全没有听到邵公的谏言。当邵公还在期待厉王会有所觉悟、有所收敛时，周厉王已找来了卫地的巫师，派他监视指责、咒骂天子的人。有了这个眼线，周厉王就能知道谁说了他的"坏话"，而被报上名来的，便难逃一死了。在周厉王如此残酷的镇压下，国都里的人不敢再高谈阔论了，甚至连窃窃私语都不敢了，相识的人在路上遇见只用眼色来示意，这就是"道路以目"的由来。

再也没人说自己的坏话了，周厉王高兴而得意，对邵公说："我已经制止了人们对我的咒骂，现在没人敢讲了。"邵公叹息道："这不是他们不说了，而是你堵住了他们的嘴巴，让他们无法开口。防民之口，甚于防川。堵住民众的嘴巴，比堵塞河流还要可怕。被堵住的河流一旦决口，一定会伤害很多人，禁止民众讲话也是如此。因此治理河道的人要排除水道的堵塞，让水流畅通；治理民众的人要引导百姓说话，让他们畅所欲言。"

周厉王不以为然地听着，脸色不悦，这个邵公就是爱唱反调，不称赞自己用人得力、方法有效，反倒在那儿指责自己钳制言论、罔顾民意。机敏的邵公怎会看不出周厉王的不悦之色？但为了尽到为人臣者的职责，邵公继续不卑不亢地说道："为此，天子处理政事，要让公卿大夫、各级官员都献呈民间讽谏的诗歌，乐官献呈民间乐曲，史官献呈史书，少师献箴言，瞍者朗诵，蒙者吟咏，百工劝谏，平民的意见辗转上达，左右近臣尽心规劝，宗室姻亲补过纠偏，乐官史官施行教诲，元老重臣劝诫监督，然后天子再斟酌取舍。这样，政事施行起来才不违背情理。"尽管邵公如此晓之以理，但是并没有打动周厉王。周厉王仍然无动于衷地沉默着。邵公心里一沉，知道自己的话可能又要被当成“耳边风”了，但为了苦难中的百姓、为了国家的稳定，邵公决定再试试。

邵公心情沉重地说道：“民众有嘴可以说话，好比土地上有山岭河流一样，钱财开支就从这里产生；又好比高低起伏的大地上有平川沃野一样，衣服食物就从这里产生。让民众用嘴发表议论，政事的好与坏才能反映出来，才能做好事而防止坏事，才能使财源旺盛、衣食富足。民众心里所考虑的在口头上流露出来，这是很自然的行为，怎么可以强行阻止呢？如果用暴政堵住他们的嘴巴，那么参与国事的人还能有多少呢？这样的统治还能支撑多久呢？”邵公直言不讳的劝谏令周厉王非常不满，他将邵公的良苦用心当成了小题大做。既然是无关痛痒的事，又何须在意？邵公的劝谏再一次被周厉王抛诸脑后、置之不理。

不听劝告的周厉王，依然故我地实施着他“行之有效”的政策，于是国都里没有人敢说话了。日子在周厉王自以为是的得意和国人迫不得已的沉默中过了三年，公元前842年，不堪忍受的国人终于在沉默中爆发了，邵公当年的话变成了现实——国人起义了。当怒火中烧的国人浩浩荡荡地杀向王宫时，周厉王终于明白了邵公说的话，决堤的洪水是难以抵挡的啊！残暴的周厉王被国人放逐到了彘地。

这个暴虐的周厉王不但是个失败的天子，而且是个失职的父亲。国人起义，周厉王逃奔到了彘地，却把儿子丢在了危险之地。他的儿子，后来的周宣王，躲藏在邵公家避难。愤怒的国人找不到仓皇出逃的周厉王，便包围了邵公的住处。邵公明白国人是打算迁怒于太子，以泄心中之恨，他悲怆地说：“过去我多次劝谏天子，天子不听，所以遭到这种祸难。现在假如太子被杀，天子恐怕会认为我是因为怨恨而迁怒于他的儿子的。侍奉诸侯的人遇到危险都不能怨恨，即使有怨恨也不能迁怒于妻儿，何况侍奉天子的人呢？”

于是就用自己的儿子代替了太子。这个在历史上没留下名字的“邵公之子”用自己的生命保全了厉王之子，也成全了邵公的忠义之名。十四年后，太子长大后邵公扶持他继承了王位，成为周宣王。

这就是谏臣与暴君的故事，有痛、有悲，有泪、有血，有箴言、有教训，有忠义、有慨叹。越过文字，触碰那被称颂的痛，沉甸甸的“忠义”二字，总是用无辜者的鲜血书就，戏剧中的程婴之子如是，史书中的邵公之子也如是。逝者成灰，血色依稀；沧桑正道，舍生取义；警世谏言，来者可追。

叔向

——反话正说妙趣生

叔向，姬姓，羊舌氏，名肸，字叔向。在春秋后期的晋国，叔向是一位值得一提的重要人物，历事晋悼公、晋平公、晋昭公三世，是出色的政治家、外交家。虽然他只是一位大夫而非正卿，但却以非凡的政治见解和正直无私的品格闻名于世。圣人孔子曾称赞他说："叔向，古之遗直也。"(《左传·昭公十四年》)

其实，这位被赞有古人遗风的贤臣，不但才识渊博，而且机智幽默。劝谏进言，别具一格，妙趣横生。不论是劝谏君主，还是规劝权臣，总能令人心服口服。叔向的语言仿佛有一种神奇的魔力，能救人性命、解人忧愁。

这天，风和日丽，心情不错的晋平公忽然想练习一下自己的箭法，于是便拉弓射箭一试身手，还真射中了一只小鹦雀。不过，平公的箭法实在算不上高明，连这么个"小家伙"都没能射死。晋平公怕小鹦雀负伤而逃，赶紧派在身边跟随的小臣襄去捕捉，没承想这只鹦雀求生意志顽强，居然劫后余生，逃走了。看到空手而归的小臣襄，平公大怒，便把连一只受伤的小鸟都捉不到的襄拘禁起来，并准备杀掉。

叔向听说这件事后，晚上去见晋平公。尽管叔向心中焦急，担心无辜的小臣襄枉送性命，可是表面上却淡定自若，不动声色。反倒是一肚子怒气未消的晋平公自己先提起这件事来。叔向听完晋平公的“牢骚”，没有趁机为倒霉的小臣襄求情，也没有义正词严地指责晋平公的无能残暴，而是面带同情之色地说：“君王您一定要杀掉他！”

此言一出，晋平公先是很解气地一点头，而后微微一怔，别人都劝他放了小臣襄，只有叔向如此“贴心”。叔向不紧不慢地继续道：“从前我们先君唐叔在徒林射犀牛，一箭就射死了，用它的皮做成一副大铠甲，因此被封于晋国。现在您继承了先君唐叔的王位，射鷃雀没有射死，派人去捉也没有捉到，这是张扬我们君王的耻辱啊！请君王您一定要赶快杀掉小臣襄，不要让这件事传到远处去。”

起初还颇为得意的晋平公听了叔向的话，脸上渐渐露出羞愧的神色，先君的神勇威武与自己的技不如人形成了多么鲜明的对比啊，先君因勇力得封，自己却因无能迁怒。自己连只小鸟都射不死，还反怪别人抓不着，这已经够让人笑话了，再杀了小臣，岂不是更被人耻笑？叔向一边说，一边暗暗观察晋平公的脸色。果不出其所料，晋平公的脸红一阵、白一阵，显然自己的反话正说已经产生了效果。于是，叔向沉默下来，静观其变。越想越惭愧的晋平公，下令赦免了小臣襄。就这样，叔向巧妙幽默地劝谏了晋平公，救了小臣襄的性命。

叔向劝谏君王如此妙趣横生，规劝起权臣来同样妙不可言。一次，叔向去见韩宣子，宣子正在唉声叹气，原来他在为自己的贫困而忧愁。叔向听了却一本正经地向他道贺。韩宣子诧异道：“我只有正卿的虚名，却没有正卿的财产，没有财物和卿大夫们交际往来，我正为此发愁，而你却祝贺我，这是什么缘故呢？”

叔向回答说：“从前栾武子是上卿，却连上大夫的田产都没有，他家里祭祀的礼器都不齐全，但他却能发扬美德、遵循法制，美好的名声传遍各诸侯国，诸侯亲近他，戎、狄各族归附他，因此使晋国安定下来。他自己也因为执行法令没有弊病，而避免了灾难。而他的儿子桓子承袭他的位子时却骄横奢侈、贪得无厌、违法乱纪、任意妄为、借贷牟利、囤积财物，他本该遭到祸难，但却靠着他父亲武子的余德，而得以善终。后来的怀子，改变了行为，不再像桓子那样胡作非为，发扬武子的美德，本可以凭此免除祸难，但是因为受到他父亲桓子罪孽的连累，只好逃亡去了楚国。”叔向的这番言谈，将韩宣子说得似懂非懂：栾氏兴衰我又不是不知道，但这和我的财政困难有什么关系呢？难道是让我心甘情愿地当个贫困的高官？

叔向见韩宣子仍面带困惑，继续说道：“那位郤昭子，他的家财足有晋国宫室的一半，他家的人在三军将帅中占了一半，依仗着自己的财力和权势，在晋国过着极其奢侈的生活，但骄横跋扈的他最终却被陈尸在朝堂之上，他的宗族也在绛城被杀绝。郤氏家族，有五个做大夫，三个做卿，他们的权势可够大了，但却在一天之间被杀光，没有人为他们哀痛，就是因为他们没有德行啊！如今您处在和栾武子一样的清贫之中，我认为您也有他那样的美德，所以才向您道贺啊。如果您不去忧虑自己不能立德，而只为财货不足而发愁，我要哀悼还来不及，又有什么可祝贺的呢？”

两大家族的兴衰荣辱和最后画龙点睛的总结，让韩宣子恍然大悟：位高权重者，心之所系不应是财富，而应是德行；心之所忧不应是财之多寡，而应是德之有无。有财无德，富有反成祸患；无财有德，德行转祸为福。自己却忧贫不忧德，走向危机而不自知。思及此，他向叔向下拜叩头，说：“我韩起将要灭亡之际，幸亏您保全了我，这恩德不是我韩起一个人敢单独承受的，恐怕从我的祖先桓叔到以后的子孙，都要感激您的恩赐。”才智超群的叔向不仅解了韩宣子的忧愁，而且令其豁然省悟。

钦佩叔向的妙言妙语之余，亦如被其劝谏的人般深受教益。平凡的我们不是君王，没有生杀予夺的权力，但何尝不曾将己过迁怒于人呢？平凡的我们不是权臣，没有机会慨叹位高财薄，但何尝不曾纠结在名利得失之中呢？在这个浮躁的时代，放低自己的姿态，坦承自己的失败，真的那么难吗？在这个浮华的尘世，放慢自己追逐的脚步，拂拭自己蒙尘的心灵，真的没有时间吗？虽然我们没有叔向的才识，但是我们能够找到答案，不是吗？

史黯

——“模仿达人”巧进谏

在《国语》这部以记言为主的史书中，记载了不少精彩的谏言，不同风格的谏言显示出谏臣不同的个性风采。臣子进谏，不仅需要胆识和勇气，而且需要技巧和智慧。毕竟，面对君主、面对权臣，敢于提出自己认为正确的建议，并使对方乐于接受，这是难度系数极高、风险极大的事情。为了达到劝谏的目的，谏臣们各显其能。晋国大夫史黯的技巧与众不同，不是犯颜直谏、不是旁敲侧击、不是以退为进，而是巧妙模仿、出其不意。因其别具一格的进谏方式，这位“模仿达人”的劝谏总能收到良好的效果。

一次，晋国执政大臣赵简子到国君的园囿去打猎。一个臣子未经允许去了国君的园囿，这显然是越礼的行为。史黯听说以后，匆匆前往园囿。大家推测史黯一定是要去规劝赵简子了。但是令人不解的是史黯居然还牵着一条狗！这狗又不能代言进谏，难不成带着它去壮声势？就在大家百思不得其解的时候，史黯已牵着那条狗来到了园囿门外。更令人不解的事发生了，史黯并没有进去找赵简子，而是牵着狗静静守候在园门外面。

当赵简子出来时看到这幅“大夫与狗”的画面，不禁问道：“你这是干什么呀？”史黯笑一笑回答说：“噢，我得到了这条猎狗，想到这园囿中试一试。”赵简子纳闷地说：“那你为什么不禀告我呢？”言外之意，你告诉一声，进来就是了，何必在园子外傻站着呢？这不是明白人办糊涂事吗？史黯一听，知道等待的机会来了，一本正经地回答道：“君主出行，臣下不随从，那是违礼。现在您到园囿打猎，而主管园囿的官却不知道，小臣我怎么敢麻烦值日官通报呢？”赵简子一听明白了，这是特意模仿我呢！看我进了国君的园子，他也假装要进。可是，模仿得又同中有异，我进了，他没进；我违礼了，他守规矩了。史黯这是在巧妙地提醒我啊！赵简子便心甘情愿地回去了。史黯通过模仿的方式，不动声色地让赵简子认识到自己的行为有失，既达到了进谏的目的，又没让赵简子的面子有损，这就是“模仿达人”的智慧。

赵简子能心甘情愿地纳谏，是因为史黯的劝谏巧妙新颖、出其不意。除了这次别开生面的进谏外，史黯和赵简子之间还有一次精彩的论辩，同样以别出心裁而令人瞩目。一天，赵简子唉声叹气地说：“我多希望能得到范吉射、中行寅手下的良臣啊。”陪在他身旁的史黯问道：“您需要范氏、中行氏的良臣做什么呢？”简子看看史黯，心想这个史黯又在明知故问，略带不满地回答说：“良臣是人人都希望得到的，这有什么可问的呢？”

史黯理所当然地回答说：“我认为他们算不上良臣，所以才问的。”史黯的回答令赵简子不由得睁大了眼睛，似乎想看清眼前的史黯是不是清醒，这说的是什么话呢？史黯看看赵简子，继续说道：“您所谓的贤臣，和我心目中的贤臣有所不同。我认为贤臣应该是这样的，谏正君主的过失，鼓励君主的善行；赞同好的，去除不好的；贡献自己的才能，推荐有才德的贤人；早晚讲述善恶成败的事迹供君主参考。用文德来引导君主，帮助君主实行正道；尽心尽力为君主效劳，不惜以生命来捍卫君主。君主能听从采纳，就在朝任事；不能听从采纳，就辞官退去。”

赵简子一边听，一边频频点头，这样的臣子当然是良臣啊！你的良臣标准我认可啊，范氏、中行氏的臣子不是这样吗？史黯似乎读懂了赵简子心中的疑问，继续说道："现在范氏、中行氏的臣子，不能匡正辅助他们的主君，以至于使主君遭到祸难；主君出奔到国外，又不能使他获得安定，反而弃君而去，他们又算什么良臣呢？"赵简子不再点头了，蹙眉思考着史黯的话，似乎自己的良臣标准有些偏颇。

史黯知道自己的话已经打动了赵简子，但还要加把劲，让他明白得更透彻些，便说道："倘若他们不抛弃主君的话，您又怎么能得到他们呢？如果真是范氏、中行氏的良臣，就应当辛勤地为主君谋划经营，使主君在国外重新获得土地、爵位，一直到死为止，这样的话，哪一天能到您这儿来呢？倘若来了，那也就算不上是什么良臣了。"这番话将赵简子对范氏、中行氏良臣的渴望推入两难之境：如果真是良臣，将求之不得；如果唾手可得，那必非良臣。赵简子长叹一声说："讲得好，我的话确实错了。"

史黯的良臣论能说服赵简子，首先，胜在别出心裁的立论，开门见山地否定了赵简子所欣赏的良臣；其次，在于剥茧抽丝的推论，富有哲理地阐述了良臣的标准；最后，得出不可辩驳的结论，令对方心悦诚服地接受自己的观点。

不论是模仿还是否定，不按常理出牌的史黯，总是能成功地达到劝谏的目的，令人佩服之余，会心一笑。春风化雨自在挥洒，润物无声欣然笑纳，这就是"模仿达人"的独特魅力吧，让人心情愉悦地接受批评建议。

里革

——犯颜极谏匡君过

里革，春秋时鲁国太史，是少见的强谏者形象。在《国语》众多的谏臣当中，里革不是最有智慧的，也不是最有特色的，但他无疑是最有胆识、最令人钦佩的。私改君令的果敢、拔剑断罟的强悍、面折廷争的犀利，这样的魄力与胆量，如一道直劈人心的闪电，瞬间震撼人的灵魂。以这种犯颜极谏的方式劝君从善，无异于行走在死亡边缘，而里革却如此毅然决然、勇往直前，他的忠于职守、他的临上不阿怎能不令人动容？或许这就是里革劝谏成功的缘由吧。

里革的三次进谏可以说都是冒天下之大不韪的，而私改君令的行为更是有被杀头的风险。里革的可贵之处也正凸显于此，明知违抗君令是死罪，但疾恶如仇的里革仍愿不惜性命地去维护原则和正义。当时，莒国被废掉的太子仆杀了他的父亲纪公，带着纪公的宝物来投奔鲁宣公。鲁宣公本来对这个胆大妄为的太子仆心存反感，但看到太子仆那珠光宝气的礼物时，心里的不悦竟变成了喜悦。鲁宣公心想：太子仆虽然是个弑君杀父之人，但纪公自身也实在是有问题，本已立仆为太子，又因偏爱季佗而废黜了仆，立太子这样的大事竟如此任性偏私。不仅如此，他在国内还有许多无礼行为，不怪仆能联合国人将他杀死。这一转念，看太子仆也不觉凶恶了，反倒觉得其有几分可怜无辜。于是，鲁宣公派仆人拿着公文去命令季文子说："莒太子为了我无所顾忌地杀了他的国君，并带着国君的宝物来投奔，可见他是非常敬爱我的。你替我封给他采邑，今天必须执行，不得违抗命令。"

仆人拿着公文去找季文子，却在途中遇到了里革。里革知道国君的意图后，把公文的内容改为："莒太子杀了他的国君，并偷窃了国君的宝物来投奔，他不仅认识不到自己的穷凶顽固还想来接近我们，替我把他放逐到东夷去。今天必须执行，不得违抗命令。"第二天，有关官员汇报命令执行情况，报告说已把莒国太子赶出鲁国了。宣公一听很生气，责问他为什么要这样做，仆人便把里革的事告诉了宣公。宣公把里革抓来问道："违抗国君命令该当何罪，你听说过吗？"里革回答说："我是豁出命来改写命令，岂止是听说要犯什么罪！我还听说过：'破坏法纪的人是乱贼，掩匿乱贼的人是窝主，窃取财宝的人是内盗，用内盗财宝的人是奸邪。'会使国君成为窝主、奸邪的人，是不能不除去的。我违抗了国君的命令，也不能不处死。"里革那置生死于度外的气魄和正气凛然的话语，让宣公既震惊又惭愧，不由说道："我确实有贪心，不是你的罪过。"然后就赦免了里革。

如果说私改君令是背地伸张正义，那么拔剑断罟就是当面触犯君威。夏天，鲁宣公把渔网投入泗水深处撒网捕鱼，看到欢蹦乱跳的鱼被一网网地捞上来，鲁宣公喜笑颜开。这时，怒气冲冲的里革走过来，割断宣公的渔网扔在一旁，说："古时候大寒过后，蛰伏过冬的动物开始活动时，掌管湖、泽的官员才考虑使用渔网和竹笼，去捕捉大鱼和龟鳖等水产，用来在寝庙中祭祀祖先。这时让国人捕鱼，是为了帮助地下的阳气宣泄出来。当鸟产卵、兽怀胎时，鱼类长成，掌管山林禽兽的官便禁止使用网捕捉鸟兽，只准用矛刺取鱼鳖，晒成肉干供夏天食用，这是为了帮助鸟兽生长。鸟兽长大了，鱼鳖则开始繁殖，掌管湖泽的官便禁止下网捕鱼，只准设陷阱和鸟网去猎获鸟兽，以供应宗庙和厨房的需要，而把小鱼养在河里等它们长大后再取来享用。此外到山上砍柴时不能伐掉树苗；到水边割草时不能割取没有长成的嫩草；捕鱼时禁止捕幼鱼；捕兽时要留下小鹿和小麋；捕鸟时要保护雏鸟和鸟卵；捕虫时要避免伤害幼虫，这些都是为了使万物生长繁殖，是自古以来的教导。现在正是鱼孕育的时候，国君您却不让鱼长大，还要下网捕捞，真是贪心到极点了！”

里革的这番保持生态平衡的宝贵言论，令宣公深觉汗颜，说："我的确犯了过错，有里革纠正我，不也很好吗？这实在是一张好渔网啊，它让我懂得了古代治理天下的方法。请让管事的人把这网收藏起来，使我永远不忘今天的教训。”师存正在旁边侍候宣公，趁机说道："与其保存这张渔网，还不如把里革安排在您的身边，就不会忘记他的规劝了。”平心而论，深感惭愧的何止鲁宣公。里革，这位千年前的古人，他的环保意识不也令今时今日的我们自叹弗如吗？科技无限的张力、人心无限的欲望，让我们的地球已伤痕累累。然而，当公益广告不时出现在电视屏幕上时，我们真的体会到了那迫在眉睫的危机吗？我们能有里革那样敢说敢做的魄力和决心吗？就连那犯了错的鲁宣公都让人觉得无比可爱，身为一国之君，那知错能改的精神、虚心受教的姿态，不也值得当今的为官者学习借鉴吗？

当面触犯君威已是胆大妄为了，可这还不是里革最不给国君留情面的一次，最大胆的一次强谏当属面折廷争了。当晋国栾书等人杀了晋厉公的消息传到鲁国后，鲁国防守边境的官员把这个消息报告给朝廷，鲁成公正好在朝堂上。成公听到后说："臣子杀了他的国君，是谁的过错？”此言一出，朝堂上一片安静，大夫们没有人敢回答这个敏感而危险的问题。里革的声音打破了沉寂："这是国君的过错。统治百姓的人，他的威严是极大的。丧失威严以至于被杀，他的过错一定太多了。而且做国君的，应该治理百姓并纠正百姓的邪恶。倘若国君放纵自己的私心邪念而放弃了治理百姓这一大事，百姓中间发生的邪恶不能明察，那么邪恶的现象就会越来越多。如果用邪恶的办法治理百姓，政事就会败坏而不能挽救。施行仁政又不肯专一到底，就不能支配百姓。百姓到了绝望的地步也不去体恤，这样还要国君做什么？夏桀出逃到南巢，商纣王死在朝歌，周厉王被流放到彘地，周幽王在戏山身亡，都是过错太多失掉威严的缘故。国君就好比养育百姓的川泽。君行而民从，百姓的一举一动跟着国君，好坏都由国君决定，百姓怎么能无故弑君呢？"原本有些兔死狐悲的鲁成公听完里革这番深刻的分析，知道这是里革在给自己狠敲警钟呢，告诉自己如果不实行仁政，就有亡国的危险。里革这番无可辩驳的话，使鲁成公不由得暗暗钦佩。

《国语》中关于鲁国的记载并不多，惜墨如金的作者却为里革颇费笔墨，不难见出对其的赞赏之情、倾慕之意。这样一位忠君爱民、有胆有识的谏臣配得上青史赞誉、配得上千秋万代的敬仰。

公孙固

——见微知著善识人

无论是凡夫俗子，还是成大事者，一生平坦、无忧无虑的甚少，漫漫人生总会遇到或大或小的困难。身陷坎坷时，对伸出援助之手帮助自己的人总会心存感激，而对那些主动给予自己帮助的人，更是格外感恩。毕竟，锦上添花容易，雪中送炭难得。能雪中送炭的人自然是有善良的心地，但更重要的是要有识人的眼力。否则，便成了救蛇的农夫，岂不要自食恶果?

公孙固，春秋时期宋国大司马，宋庄公之孙。这便是一位善于识人的雪中送炭者，以友善重耳、智谏襄公在史上留下美名。其时，晋国公子重耳因“骊姬之乱”逃亡在外，这位贵公子在多年的流亡生涯中看尽人情冷暖，遭受过无礼冷遇，也受到过真心礼遇。宋国国君宋襄公就是对重耳以礼相待的一位国君。而宋襄公之所以会对这位前途渺茫的落魄公子待之以礼，正是因为听从了大司马公孙固的建议。

经过宋国的公子重耳，与宋国大司马公孙固关系不错。有朋自远方来，公孙固自然是喜出望外，亲自接待了重耳一行人。公孙固的热情令公子重耳备觉温暖，朋友之间的深情厚谊自是温润人心，而旧友对身处窘境的自己如此不离不弃更让重耳不胜感慨。来宋国之前，重耳刚刚遭到曹国国君曹共公的无礼对待。好奇心过于旺盛的曹共公听说重耳的肋骨生得连成一片，就很想看看是什么样子，便将重耳等安排在旅舍里，在重耳洗澡时，躲在薄薄的帐幕偷偷观看。曹共公幼稚无聊的行为不仅有失国君威仪，而且深深伤害了公子重耳的自尊心。即便自己不过是个有家不能回的逃亡之人，但也还是个有尊严、有骨气的人啊！曹共公竟然如此践踏自己的尊严，让人情何以堪？两相对比，公孙固的礼貌周到自然令公子重耳觉得尤为温暖。

虽然公孙固无法看到重耳心中的万千感慨，但是却能看到重耳彬彬有礼的言谈举止。公子重耳依然是当初那个贤德的公子，不幸被驱逐的遭遇没有使他意志消沉、一蹶不振，反而使他的性格更加内敛沉稳，举手投足之间竟隐隐现出王者之风。不仅如此，重耳身边的辅佐之臣各个不容小觑，知书达礼、足智多谋，在这些能臣的协助下，重耳重返晋国指日可待。重耳是自己的旧交，来到宋国，自己理应多加关照；重耳又是晋国的公子，德才兼备，很有可能成为大国国君，为了宋国的国家利益着想更应善待重耳。

于是，公孙固和国君宋襄公“聊天”时颇有感触地说道：“臣的故友晋公子重耳来到我国，他的到来令我很欣喜，好友相见自然是很高兴的，但更多的惊喜是来自重耳的成长。流亡在外十几年，重耳已经由孩子长大成人了，难得他没有因挫折而消沉，依然喜欢做好事却不自满、不断修身养性培养自己的德行，多年的颠沛流离反倒让他更加大气沉稳了。”

宋襄公已经听说了重耳一行到来的事，但春秋时期这样逃亡在外的公子很多，图谋争霸的宋襄公也就并未将此事放在心上。此时公孙固的介绍引起了他的注意，这重耳似乎是个贤德的人。公孙固见自己的话成功吸引了国君的注意，便继续说道：“不仅如此，他对身边的随臣谦和有礼，颇有礼贤下士的风范，用对待父亲的礼节侍奉狐偃，用对待老师的礼节侍奉赵衰，用对待兄长的礼节侍奉贾佗。狐偃是他的舅父，既仁慈又有谋略；赵衰是为他先君驾御战车的赵夙的弟弟，为人忠贞而富于文采；贾佗是晋国的公族，为人谦恭而见多识广。这三个人总在公子身边，如同他的左膀右臂。公子平时对他们谦卑恭敬，每逢有事都要咨询他们的意见并虚心受教，从幼年到成人始终如此，不曾懈怠，公子的所作所为应该说是有礼了。《商颂》上说：'汤降不迟，圣敬日跻。'意思是说商汤急于尊贤下士，圣明恭敬之德天天增进。尊贤下士、屈己尊贤，就是有礼的表现。公子重耳不正是这样吗？君王您不是一向乐于与有礼之士结交吗？结交有礼之士，一定会有所回报。请君王您好好地考虑考虑，做个打算。"

公孙固以"礼"为中心对重耳进行了一番赞美，这些话深得宋襄公之心，宋襄公一向以"仁义"见称，自然对重耳的君子之风非常欣赏。同时，宋襄公亦是个有作为的政治家，公孙固建议他结交盟友的暗示，他也觉得颇有道理。就这样，宋襄公听从了他的意见，慷慨地送给了重耳八十四马。

果然，一切如公孙固所预料的那样，久经磨砺的公子重耳在贤臣的辅助下最终回到了晋国继承君位，成为春秋五霸之一——晋文公。当年令重耳受辱的曹共公尝到了恶果，曹国遭到晋国的讨伐，曹共公被俘。而对重耳礼遇的宋国则得到了晋国的眷顾。当宋国被楚国攻伐时，公孙固到晋国告急，晋国出手相救平息了宋国的祸患，以此来报答宋国当年的恩惠。宋襄公的投之以桃，得到了晋文公的报之以李，成就了一段史上佳话。公孙固见微知著的分析能力和善于识人的辨察能力，亦得到了史家的钦佩，将其智言慧语载入《国语》，流传千载。

四

贤卿之语

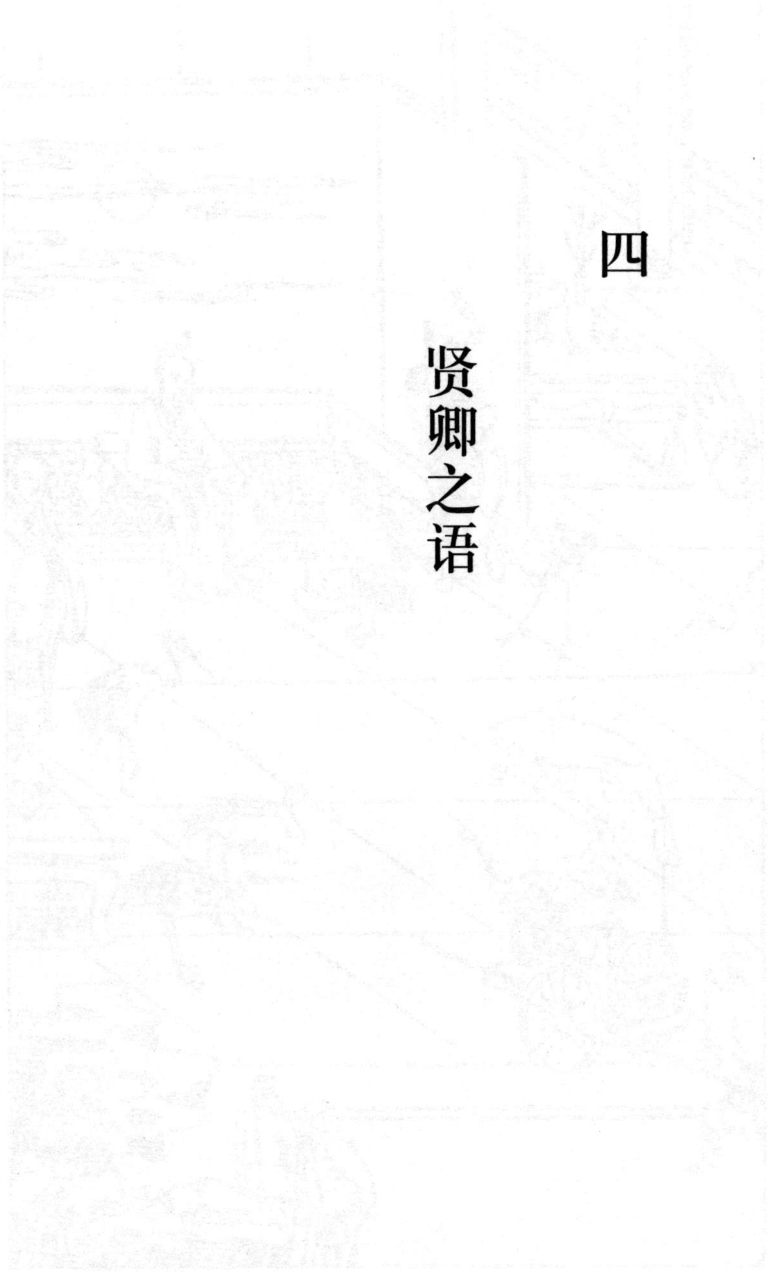

卫懿公好鹤亡国（据明末刊本《东周列国志》插图）

沈诸梁

——慧眼识人辨忠奸

刘向《新序·杂事》记载，叶公喜好龙，房屋里画的和雕刻的都是龙。天龙听说了，便降到叶公家，尾巴拖在厅堂，仰着头从窗外向里看。叶公看到了真龙，不喜反惧，吓得扭头就跑。这就是成语“叶公好龙”的由来，比喻表面上爱好，实际上并不真正爱好。

这个成语故事对我们来说并不陌生，但其实却是一个“冤案”。清人王士禛曾作《叶公祠》为叶公鸣不平——“萧条澧水暮烟封，故殿青苔上废钟。地下子高应一笑，世间谁解好真龙。”据说，叶公治理叶地时，为解决干旱，修筑东西二陂。西陂主要用于拦洪，东陂主要用于蓄水。为此叶公在墙壁上绘制了巨大的渠网水系图。一位来访的客人误把水系图当成龙图，见叶公画龙不画云，认为叶公并不是真的喜欢龙，后来以讹传讹便有了“叶公好龙”的成语。叶公，即沈诸梁，楚国左司马沈尹戌的儿子叶公子高。事实上，沈诸梁是春秋末期楚国德才兼备的军事家、政治家，而非故作姿态、表里不一的“好龙者”。他慧眼识奸、平定“白公之乱”，维护了楚国的稳定；他举荐贤能、不贪居高位，留下了不朽的美名。

平定“白公之乱”一事，不仅显示出沈诸梁卓越的军事才能，而且显示出他非同一般的识人能力。白公胜，又称王孙胜，是楚平王的孙子、平王太子建之子。当初，费无极给太子建当少师，太子建不喜欢他。费无极心生怨恨便设法构陷太子。太子建娶了一位秦国美女，费无极却劝楚平王纳其为妾，以此离间平王与太子的关系，并诬陷太子将要叛乱，太子建只好携家人出逃到郑国。太子建身在郑国，却与晋谋郑，郑人将其杀死，王孙胜便从郑国逃到了吴国。如今，时过境迁，楚国令尹子西，即楚平王的儿子公子申，惦念那逃亡在外的“亲人”，便派人召回王孙胜。

叶公子高听说后，匆匆去见子西问道：“我听说您要召王孙胜回来，是真的吗？”子西点点头说：“是啊。”子高继续问道：“那您打算用他做何事？”子西说：“我听说，王孙胜正直而刚强，想把他安置在边境。”子高一听，紧锁双眉道：“不行。王孙胜这个人，看似诚信可实际上并不忠诚，外表善良可内心并不仁德。他为人狡诈而不明智，刚毅而不勇敢，直率而不衷，言谈周密而不淑。我听说，实践诺言而不考虑自身的利害，叫作诚信；外表爱人而不为人做长远打算，叫作不仁；用计谋掩盖别人，叫作狡诈；强硬狠心，叫作刚毅；直率而不顾及隐讳，叫作不衷；言谈周全却抛弃德行，叫作不淑。王孙胜这六种品性，都徒有其表而无其实，怎么能用他呢？”

子西不以为意地笑笑，此时王孙胜在他心中是堪当重任的贤臣，子高的话在他看来实在是危言耸听了。子高见子西这毫不在意的笑容，心中更急，继续说道：“您别忘了，他的父亲的死，而王孙胜心胸狭隘偏执又不纯洁。因为他的心胸狭隘偏执，不忘旧日的怨仇，而又不能用纯洁的心美化他的德行，那么他想的只是报仇罢了。他那些看似是优点的品性，会成为他复仇的条件。他的诚信足以实践他的诺言，他的善行足以得到人们的拥护，他的直率足以统率众人，他的言谈周全足以掩盖他的罪恶，他的内心肮脏足以支配他的行动，再加上他的不仁不义，没有不成功的。”

目光犀利的叶公子高透过王孙胜正直刚强的表象，看到了其险恶卑琐的内心。一个具有能力而居心不良的伪君子，比一个明目张胆的真小人，更具危险性和破坏性。他的伪善麻痹了别人的警觉，他的能力威胁到别人的安全。子高对此看得很透彻，他进一步为子西分析："那些制造王孙胜旧怨的人，现在都不在了。如果召他来而不宠爱他，只会加速他的怨恨。如果宠爱他，他会贪得无厌，设法得到人心，还会以更大的利益引诱别人，用不仁慈来助长他们的私欲，一心想着旧日的怨仇、想着复仇之事。一旦国家有些事端，他肯定不会安分。如果那样，不是您主要承受祸患，又会是谁呢？如果您真的用他，祸害是指日可待的。我敬爱您和子期，所以不能不告诉您这些危机。"

尽管叶公子高已经将利害关系一一阐明，但善良而固执的子西仍不改初衷，说道："我用德安抚他，就可以让他忘掉旧怨吧！我好好待他，他就会安心了。"叶公子高叹息道："不是这样。我听说，只有仁心的人，对他好也可以，对他坏也可以，让他地位高也可以，让他地位低也可以。对他好不会凌逼君上，对他坏不会怨恨，地位高不会骄傲，地位低不会忧惧。而不仁的人就不是这样。别人对他好就会凌逼人，对他不好就会怨恨，地位高了就会骄傲，地位低了就会忧惧；骄傲就会有野心，忧惧就会抱怨恨。您知道野心、怨恨和威逼，是产生诈谋的原因。您准备怎么办？如果召他来，让他处于下位，他将不安而忧惧；对在他上面的人，也将愤怒和怨恨。他那狡诈阴险的心，将无法安定。有一种不义的品行，就会败坏国家，现在他一身而兼有五六种不义的品行，而您却一定要任用他，不是很危险吗？"

叶公子高费尽唇舌，子西依然但笑不语，他不禁又急又气地说："我听说国家将要败亡，必定任用坏人，而且嗜好那种致命的美味，大概说的就是您吧？如果您召他来而亲近他，那离死期就没有几天了。人们有句俗语说：'狼子野心，是怀着仇怨的人啊。'他又有什么好呢？如果您不相信我，何不寻求若敖氏和子干、子皙的族人，让他们到您身边来。何必要任用王孙胜呢，他又能安稳多久呢？以前齐国的驺马繻杀了胡公，把他的尸体扔进了具水；鲁国的邴歜和阎职在竹林里杀害了鲁懿公；晋国的长鱼矫在台榭上杀了三郤；鲁国的养马人荦在驻所杀了子般，这些都是什么缘故呢？难道不都是因为旧日的怨恨吗？这些都是您听到过的。人们想多听到善恶成败的教训，来作为自己的借鉴。现在您听了却抛弃它，就像蒙上了耳朵。我告诉您有什么用，我明白该早些逃避灾难了。”看着几乎出离愤怒的叶公子高，子西却笑着说：“您把王孙胜说得过分了。”最终，没有听从子高的劝告，封王孙胜为白公。子高一气之下托词有病闲居在蔡地。

子西的善待并没有冷却王孙胜心中仇恨的火焰，最后果如叶公子高预言的那样爆发了“白公之乱”，子西和子期都被杀死了。叶公听闻后，痛心地说：“我恨子西不听我的话，而感激他治理楚国，用德政治理楚国、恢复并赶上先王的功业的人，就是子西。如果因为小怨忘了大德，是我的不义，我要进京城杀了白公。”于是就率领方城之外的人进入京城，杀死了作乱的白公，安定了王室，埋葬了子西和子期及他们被害的家族。

这就是“叶公好龙”背后真实的历史，这就是信史中记载的真实的叶公，流行和因循的，有时未必就是正确的。这纷繁的世事、莫测的人心，历练着我们，如果不能有一双叶公那样的慧眼，就试着让自己练就一对会倾听的耳朵吧。

邮无正

——公私分明顾大局

人生总有起伏跌宕，即便是我们这样平凡的人，没有曲折离奇的人生经历，也有时顺时逆的人生际遇。常常有人锦上添花，难得有人雪中送炭。谁是那可贵的雪中送炭之人？也许，你会说，当然是亲人或是挚友。但事实上，有时伸出援手的却是平时与我们"不对付"的人。

尹铎，就是那个陷入困境的人。他是晋国权臣赵简子的家臣，因为公事得罪了赵简子，盛怒的赵简子竟要将尹铎处死。生死存亡之时，与尹铎不睦的晋国大夫邮无正却挺身而出，化解了他的危机。赵简子是春秋后期晋国出色的政治家、外交家、军事家，尹铎是他信任的家臣。究竟是何事使赵简子非要杀掉尹铎呢？原来，公元前497年，晋国正卿赵简子杀了同族兄弟邯郸大夫赵午。这件事成为晋国内战的导火索。赵午的舅舅荀寅率军迫使赵简子出逃至自己的封邑晋阳，后幸亏心腹家臣董安于力战，才得以平安解围。退保晋阳一事以后，赵简子便不愿看到晋阳的军营城墙。尹铎的祸事就是由这道城墙惹出来的。

赵简子派尹铎治理晋阳，对他说："你一定要拆毁那里的围墙。我将要到那儿去，如果看见了那围墙，就等于又见到了当日惨痛的回忆。”谁知这尹铎到晋阳后，不但没有按赵简子的要求拆毁晋阳的围墙，反而将围墙给增高了。正是这个自作主张的大胆举动触怒了赵简子。

当赵简子来到晋阳，远远地就看见了那道城墙，一见之下，怒火骤至，尹铎居然不把我的吩咐放在心上！等离城近些，赵简子发现原来尹铎不仅没有拆除城墙，而且还将其加高了。这“长”高了的城墙彻底将赵简子激怒了，这个该死的尹铎居心何在？违命已经是罪过了，还这样公然地与我作对！脸色铁青的赵简子发怒说：“一定要杀了尹铎以后我才进城。”大夫们觉得赵简子这个决定太冲动了，尹铎罪不至死，便请求不要杀他，但正怒火冲天的赵简子不肯，说：“我曾特意告诉他，看到这墙就等于看到了我的仇敌。他却如此行事，这不是为我的仇敌炫耀吗？”

看着震怒非常的赵简子，大夫们沉默了，尹铎的确太胆大妄为了，戳到了赵简子的痛处，还如此明目张胆，难怪赵简子会这样生气了。就在大家认为尹铎在劫难逃的时候，邮无正走上前来。邮无正，又称邮良伯乐，与尹铎有私仇。大家一见，心想：邮无正这是要落井下石了。这时，邮无正心平气和地对赵简子说：“从前，先主赵文子年轻时遭受祸难，随从母亲庄姬到王宫，后来因为有孝顺之德做了公族大夫，因为有恭敬之德而晋升为卿，因为有勇武之德而担任正卿，因为有温顺之德而成就美名。虽然他未能得到赵氏的常法，又失去了师保的教养，但是由于自身的修养，却能恢复先人的德业。您的父亲景子，也生长在王宫，没有受到师保的教诲，就继承了先主文子的官爵，他也能加强自身的修养来承受先人的德业，国中没有人说他的坏话。他又能顺从道德来教养儿子，选择善言来教育儿子，挑选师保来辅导儿子。现在您继承了爵位，有祖父赵文子的常法，有父亲景子的教诲，再加上有师保的教养，有同族父兄的指导，可您却疏忽这些，因而遭到这场祸难。”

郇无正并不劝赵简子放过尹铎，而是讲赵简子辉煌的家世，从祖父到父亲，细细说来，让震怒的赵简子渐渐平静下来。而后，将赵简子的作为与其先人的做对比，让赵简子反思自己的行为有失。果然，赵简子的神色有了改变，静静地蹙眉而思。郇无正不失时机地继续说道："尹铎说：'想到安乐而感到高兴，想到危难而产生恐惧，这是人之常情。围墙正可以作为师保，我为什么不把它增高呢？'所以他才增高了围墙，这加高的围墙，难道不是可以作为鉴戒而安定赵氏宗族吗？如果您处罚尹铎，那就是处罚了好人。处罚好人就必定会奖赏坏人，那做臣子的还有什么指望呢？"

平静下来的赵简子听了郇无正的话转怒为喜，高兴地说："如果没有你，我几乎不能算是人了！"于是就用免除祸难的军功奖赏了尹铎。郇无正巧妙的辩护不但使尹铎免于灾祸，还获得了奖赏。在场的大夫们既佩服，又意外，大家没想到与尹铎有怨仇的郇无正会出手相救。更加意外的是当事人尹铎，虽然自己一心为主、无辜受责，但转危为安、柳暗花明，而施以援手、雪中送炭的人却是自己的冤家对头。尹铎带着奖赏到郇无正那里，说："你救了我的命，怎能不把这奖赏送给你呢？"郇无正却辞谢说："我是为君主考虑，不是为你。仇怨还是仇怨。"

这就是公私分明的郇无正，他救的是一心为公的尹铎，不是与自己有宿怨的尹铎。郇无正与尹铎两个人，或许是道不同不相为谋，却又不谋而合，都做到了公而忘私。尹铎出于公心、身犯险境；郇无正不计私怨、救人于水火。这戏剧性的事情，不是故事，是真实的历史、真实的人生。人生如戏、戏如人生，就是如此吧。

胥臣

——因势利导教有道

在人才辈出的春秋时代，于众多出类拔萃的能臣贤卿中，胥臣算是一位特别的人物，因为他不仅是位富谋略的政治家，还是位有思想的教育家。在那以足智多谋、能言善辩为特色的能臣群体中，胥臣对读书育人的独到见解使其显得格外与众不同。

晋国大夫胥臣，又称臼季，曾追随公子重耳在国外流亡多年，后与赵衰、狐偃、先轸等辅佐重耳成为晋君，即赫赫有名的晋文公。这样一位忠诚有为的随臣身上自然有许多可圈可点的地方，但最令人瞩目的还是他的教育理念。这些理念在今天看来或许稀松平常，但在当时却是令人耳目一新的，比如读书的意义、教育的作用。

公子重耳成为晋文公后，依然保持着虚心求教的作风。一次，晋文公跟着胥臣学习读书，学了三天后，晋文公对胥臣说："书上所说的我一点也做不到，听到的道理倒是很多，却不会应用。"言外之意是，读书没有什么实际用处。面对"学生"对读书意义的质疑，胥臣淡淡一笑，回答说："那么，多知道些道理、多获得些知识，等到能用的时候应用，岂不比不学习强吗？"胥臣四两拨千斤地将晋文公读书无用的困惑解答了。读书不可能像买糖果，付了钱就可以将自己喜爱的糖果放入口中品尝甜蜜。读书如春耕秋收，清苦而寂寞，一天学到一点知识、懂得一些道理，慢慢积累丰富、渐渐融会贯通之后，才能开花结果收获甜美，才能避免“书到用时方恨少”的尴尬无奈。

或许是因为胥臣循循善诱，晋文公很喜欢向他请教与教育相关的问题，教育儿子的事也要征求一下胥臣的意见。晋文公问胥臣说：“我准备让阳处父做谨的老师来教育他，你觉得阳处父能教育好吗？”

如果这只是一位关心儿子的平常父亲，如果这只是一个百姓人家的普通孩子，那么这个问题可能无甚大碍，但这个父亲是一国之君、这个孩子是未来的国君。谨是国君晋文公的儿子，即后来的晋襄公。这个问题不仅仅是个单纯的教育问题，还是一个敏感的政治问题。教育得好，无可厚非；教育得不好，国运堪忧。固然阳处父可担此任，但是又怎能保证谨一定能学有所成呢？

沉默了片刻后，胥臣回答说：“这主要取决于谨。”这样直截了当的答案，似乎所问非所答，晋文公的双眼里充满着疑问。胥臣开始为他的答案做注解：“直胸的残疾人不能让他俯身，驼背的人不能让他仰头，矮个子的人不能让他举重物，侏儒不能让他攀高，瞎子不能让他看东西，哑巴不能让他说话，聋子不能让他听音，糊涂人不能让他出主意。”

胥臣的注释似乎有点跑偏，晋文公不由得紧锁眉头，心想：你说的这八种人和我的宝贝儿子有什么可比性啊？胥臣看了看晋文公，知道自己该一语中的了，便说：“本质好而又有贤良的人教导，就可以期待他有所成就。如果本质邪恶，教育他也听不进去，怎么能教导好呢！我听说，以前周文王的母亲怀孕时身体没有变化，小便的时候在厕所里生下文王，一点儿没有感到痛苦。文王在母亲身体里不让母亲忧虑，在师傅面前不让师傅多费心思，在君长面前不让君长烦扰，侍奉父王不让父王生气，对两个弟弟虢仲和虢叔很友爱，对两个儿子大蔡和小蔡很慈爱，为自己的妻子大姒做出榜样，与同宗的兄弟也都很亲近。到他即位之后，有事咨询掌管山泽的八虞，与虢仲、虢叔两兄弟商量，听取大臣们的建议，咨询太史们的意见，再加上有周文公、邵康公、毕公和荣公的帮助，从而让百神安宁，使万民安乐。像这样的话，就说明周文王所取得的成就不单单是靠教诲的作用了。”

听了胥臣的这番话，晋文公若有所思：本质不好的人难以培养成才，而本质好的人似乎无需培养，不禁问道：“这样说来，那教育不就没有用了吗？”胥臣已有所准备，淡定地回答说：“要文采干什么呢，就是为了使本质更加美好。所以人生下来就要学习，不学习就不能进入正道。”晋文公点点头，又问道：“那对先前所说的那八种人应该怎么办呢？”胥臣回答说：“这就要根据他们自身的长处因材施教了，驼背的让他弯腰敲钟，直胸的让他戴上玉磬，矮子让他表演杂技，瞎子让他演奏音乐，聋子让他掌管烧火。糊涂的、哑巴和侏儒，难以因材而用的，就让他们去充实边远的地区。教育，就是根据受教者本身的潜质因势利导，就像江河有了源头，迎它到入海处而后让它自由奔流。”晋文公舒展眉头，心中暗暗佩服胥臣的教而有道。

胥臣不仅指出教与学是相辅相成的，而且还提出了因材施教的观点。因材施教对我们来说并不陌生，提起它我们多半想到伟大的教育家孔子，却不知原来胥臣亦有此高见。高山流水总有知音，时空相隔的两人于史册中留下不谋而合的真知灼见，怎不令人感叹机缘巧合？千年前先贤的精辟言论，对后世的我们来说，实在是宝贵的财富，至今仍熠熠生辉。

展禽

——坐怀不乱贤君子

展禽，姓展，名获，字禽，又叫展季，是春秋时期鲁国大夫。或许这几个名字你都不甚熟悉，但他还有一个你耳熟能详的名字——柳下惠。在你点头称是的同时，定会想起一个成语——坐怀不乱。

柳下惠坐怀不乱的传说，从最初的语焉不详到后来的版本多样，虽纷纭杂沓、真真假假，但展禽却也因此成为国人心目中的道德典范。其实，纵使没有这样香艳的传说，展禽也是位令人称颂的贤者。圣人孔子对他非常推崇："臧文仲其窃位者与！知柳下惠之贤而不与立也。"（《论语·卫灵公》）埋怨臧文仲不用贤良的展禽，为他鸣不平。亚圣孟子也将其和伯夷、伊尹、孔子并称，赞其："柳下惠，圣之和者也。""故闻柳下惠之风者，鄙夫宽，薄夫敦。"（《孟子·万章章句下》）称赞柳下惠是圣人之中随和的人。听到柳下惠风节的人，胸襟狭小的人也宽大起来了，刻薄的人也厚道起来了。

姑且放下圣贤的推崇、传说的溢美，来看看史书中的记载，领略柳下惠真实的风采：或精于政事、临危不惧；或知礼守制、直言不讳。春秋时期，征伐不断，两国间兵戎相见的事情时常发生。一次，齐孝公出兵讨伐鲁国。弱小的鲁国无力与强大的齐国抗衡，鲁卿臧文仲想写一篇文辞谢罪，请求齐国退兵，但左思右想写不出适当而动听的言辞，情急之下向展禽求助。

虽强敌压境，但展禽却镇定自若。面对一筹莫展的臧文仲，他冷静地回答道："我听说，大国要做好小国的表率，小国要侍奉好大国，这样才能防备祸乱，却没听说用言辞就能解决问题的。倘若作为小国却自高自大，激怒大国，使它把祸乱加到自己身上，那么大难当头，言辞又有什么用处？"臧文仲知道，品格高贵的展禽不想用低声下气的言辞来免难，但面临亡国的危机，此时此刻退却敌兵才是当务之急，臧文仲焦急地说："国家已经处于危急之中了，各种贵重的物品，只要可以送礼的，没有舍不得割爱的。希望凭着您的言辞去给齐国送礼，好让他们退兵，您能否试一试呢？"

展禽怎能不知臧文仲的心情？他又怎能不想鲁国化险为夷呢？但无论是用委婉言辞求和，还是用贿赂退兵，都不是展禽认为可以免难的方法。兵临城下之际，如何能不卑不亢地转危为安呢？展禽没有再让臧文仲为难，答应助其共渡难关。展禽想到一个人——胆识过人的乙喜。

展禽派大夫乙喜带着不值钱的润发膏去慰劳齐国军队。齐国人见乙喜竟带着如此"贵重"的礼物来求和，既不屑又不解。乙喜却一脸坦然地说："我们国君不才，没有侍奉好贵国边界上的官员，这让您非常生气，以致带兵来到我国的郊野经受风雨，所以派我斗胆前来慰劳贵国的大军。"齐孝公问道："鲁国害怕了吗？"乙喜回答道："小人倒是怕了，但君子并不怕。"齐孝公闻言，不由得仔细打量了一下来者，原以为鲁国派来的使者必定会小心翼翼地求和，没想到这个使者不仅只带来了微薄的礼物，而且态度如此淡定自若，诧异道："你们国库空空如也，又适逢大旱，田地里连青草都没有，还凭仗什么不怕呢？"

乙喜彬彬有礼地回答道："我们凭仗着周公和太公的职守。从前周成王命令我们的先君周公和贵国的先君太公说：'你们要全力支持周王室，辅佐君王。赐给你们土地，你们要用牺牲祭祀天地，立誓以为质信，世世代代、子子孙孙不互相侵害。'现在您来讨伐我国的过失，目的也是让我们知错顺从就可以了，一定不会灭亡鲁国。难道您还会贪图我们的土地，而抛弃先王的遗命吗？那样还怎么能称霸诸侯？我们就是凭仗着这个所以不怕。"

乙喜的话不卑不亢地阐述了信义和公理，却远比阿谀奉承有力得多，这样的"有恃无恐"实在让齐孝公难以反驳。当年齐桓公打着"尊王攘夷"旗号，挟天子以伐不服，成为春秋时期的第一个霸主。如今如果不与鲁国讲和，自己岂不是不"尊王"？不"尊王"又怎能令诸侯信服？没有诸侯的拥护，又怎能称为霸主？乙喜平心静气的两句问话，问得齐孝公满面愧色。还能做什么？只好同意与鲁国讲和，然后带上乙喜送的特别的礼物"润发膏"退兵回国。

乙喜不辱使命，鲁国有惊无险地渡过了危机。乙喜雄辩的口才、从容的态度，固然令人赞赏，但也不得不钦佩展禽的谋略和智慧。这使敌退军的使者乙喜是展禽派去的；这微薄的礼物是展禽特意选定的；这番言辞也是展禽特别叮嘱的。展禽用事实证明了免难靠的不是动听的言辞，也不是贵重的礼物，而是信义和公理。展禽的临危不惧让我们领略到了一个贤臣忠于国家、精于政事的风采。他的这种风采不仅表现在国家面临重大危机的时刻，还表现在日常处理国家政务的态度中。

一只叫"爰居"的海鸟，落在鲁国都城东门外，执政卿臧文仲让都城里的人去祭祀它。展禽却认为不应该随便对其祭祀，直言不讳地说："臧文仲管理国政真是太迂阔了！祭祀，是国家的重要制度，而制度又是国政得以推行的保证，所以应该慎重地制定祭祀礼节作为国家的典章。现在无缘无故地增加祭典，不是处理政事的适宜的做法。海鸟飞到鲁国，弄不清楚什么原因就祭祀它，还把这定为国家的祭典，这实在不能说是仁德和明智的举动。仁德的人论功行事，明智的人考察事理。海鸟对人民没有功绩却祭祀它，不是仁德的行为；不知海鸟什么原因飞来又不向别人询问，不是明智的做法。现在海上可能要发生什么灾变了吧？那广阔海域里的鸟兽常常会预先知道并躲避灾祸。”果然，这一年，海上常有大风，冬天则反常地暖和。臧文仲听到柳下惠的话后说：“这的确是我错了。柳下惠的话不能不认真遵守啊。”便让人把柳下惠的话写在三卿的简册上。

这就是《国语》中真实的柳下惠，坦坦荡荡的贤君子。或许没有传说中那样令人大为惊叹，但那临危受命的胆识、那指斥权臣的勇气、那成竹在胸的谋略、那见多识广的博学，不同样令人敬佩不已吗？

赵衰

——谦谦君子三让贤

赵衰，春秋时晋国的卿，一个被称为“冬日之日”的谦谦君子。他是晋文公重耳的功臣，重耳在外流亡的十九年里，他不离不弃、忠心耿耿、出谋划策、患难与共。

像赵衰这样的贤臣实堪当重任，但当回国执政的晋文公欲委以其显赫官位时，赵衰却再三让贤，先后举荐了一批贤能之士。

一天，晋文公问赵衰谁可担任元帅，元帅即指中军主帅，晋国以中军为最高，中军主帅统率全军，为上卿。显然这是一个极为重要的职务，德才兼备之人方能胜任。而晋文公特意询问赵衰的意见，可见对他的信任与重视。

赵衰果然未令其失望，有理有据地推荐了一个最佳人选：“郤縠可以。他已经五十岁了，还坚持学习，而且道德修养更加敦厚。先王制定的法规典籍，是道德信义的宝库。道德和信义，是教养人民的根本。笃爱学习、重视道德信义的人，是不会忘记百姓的。请让郤縠担任元帅之职吧。”

文公欣然采纳了赵衰的建议。

晋文公一直将赵衰的贤能看在眼中，打算任命赵衰为卿，可当他和赵衰谈起此事时，赵衰却推辞说：“栾枝忠贞谨慎，先轸足智多谋，胥臣知识渊博，他们都可以担任辅臣，我不如他们。”虽然这是赵衰的谦虚之词，但是这三人的确如赵衰所言都是贤臣，亦是文公信赖之人，文公便任命栾枝统率下军，先轸为副将。

事实证明，赵衰举荐的能臣为晋国在诸侯争霸中取胜做出了不可忽略的贡献。攻取五鹿，便是先轸的计谋。由于先轸才能卓越，郤縠死后，文公又派先轸接替郤縠任中军统帅，而下军副将之职则由胥臣担任。

文公想重用赵衰的心愿未了，于是又让赵衰任下卿，赵衰再一次推辞说：“三桩有功德的事情——劝君主助周襄王恢复地位以尽臣子之责、劝君主攻伐原国以向百姓表示守信用、劝君主检阅军队以建立礼节，这都是狐偃出的计谋。他用德行来治理人民，成效十分显著，怎么可以不重用他呢？”

狐偃是文公的舅舅，为重耳复国、文公称霸尽心尽力，他的品行和才华是有目共睹的。赵衰的举荐自然得到了文公的认可，便决定任命狐偃为下卿。

没想到狐偃也让贤推辞说：“狐毛的智谋比我强，论年岁他又比我年长。如果狐毛不在位，我不敢接受您的任命。”狐偃的话同样言之有理，文公于是派狐偃的兄长狐毛统率上军，由狐偃为副将辅助他。

狐毛死后，文公旧话重提派赵衰继任上军统帅，文公心想：这已经是第三次了，事不过三，这一次赵衰应该不会再拒绝了吧？结果又一次事与愿违，赵衰听完文公的话，又推辞说：“在城濮之战中，先且居辅佐治军干得很好，有军功的人应当得到奖赏，以正道帮助君王的人应当得到奖赏，能完成自己职责的人应当得到奖赏。先且居三样皆有，应当得到奖赏，不可不重用。而且像我这样的人，箕郑、胥婴、先都等都还在。”

文公又一次被说服，于是派先且居统率上军。晋文公不由得在心里暗自感慨：为何赵衰总是这样言之有理地让自己改变初衷？为何赵衰的举荐总是这样恰如其分？

本想自己当伯乐的文公，反倒一次次地看着赵衰成了伯乐，感慨万千的文公说：“赵衰真是君子，我任命他三次，他就谦让三次，而他所推让的人，都是捍卫国家的人才。废除谦让，便是废除德行啊！”

因为赵衰屡屡谦让的缘故，文公在清原演练军队时，便在原有的三军基础上增设两军，成为五军。任命赵衰担任新上军的统帅，由箕郑为副将辅助他；任命胥婴担任新下军的统帅，由先都为副将辅助他。

为了使赵衰接受任命，晋文公竟采取了扩充军队的办法，“受挫”多次的晋文公这次终于如愿以偿了。

狐偃死后，蒲城伯先且居请求委派副将，文公说：“赵衰三次谦让都不失礼义而合于事理。谦让，是为了推荐贤才；礼义，是为了推广德行。推广德行，贤才就来了，那还有什么可忧虑的呢！请让赵衰随从你做副将。”于是，晋文公便派赵衰担任了上军副将。

这就是谦谦君子赵衰举贤让贤的故事，他不计较个人名利而一心为国推荐贤才的高尚品格，令今天的我们格外佩服的同时，也让我们心存诧异。谦让别人真的是处世之道吗？

在这个张扬个性、展示自我的时代，人们似乎已经渐渐习惯如孔雀般开屏，尽可能地抓住各种机会展现自己光鲜亮丽的一面，从“星光大道”到“我是歌手”，不管是草根，还是明星，热热闹闹地在舞台上演绎着风光无限。欢呼、掌声、鲜花、荣誉，在这“你方唱罢我登场”的竞争中此起彼伏。

随之欢笑过、激动过，一切落幕以后，似锦繁花渐渐褪去浮华，不知为何心底竟有丝莫名的情愫，不是回味，而是感慨。

除去舞台，在校园、在职场、在生活中，我们不是也在力争上游、出人头地吗？做最好的自己，让别人看到最好的自己，不一直是我们努力的方向吗？

这就是我们的时代，喧哗张扬中欠缺些含蓄风度，但仅仅是因为竞争的机制使一争高下代替了谦虚礼让吗？逐鹿中原的春秋时期何尝不是充满着激烈的竞争，然而崇礼尚义之风仍在，谦谦君子之风仍在。或许不只是时代的浮躁，还有我们内心的浮夸吧？

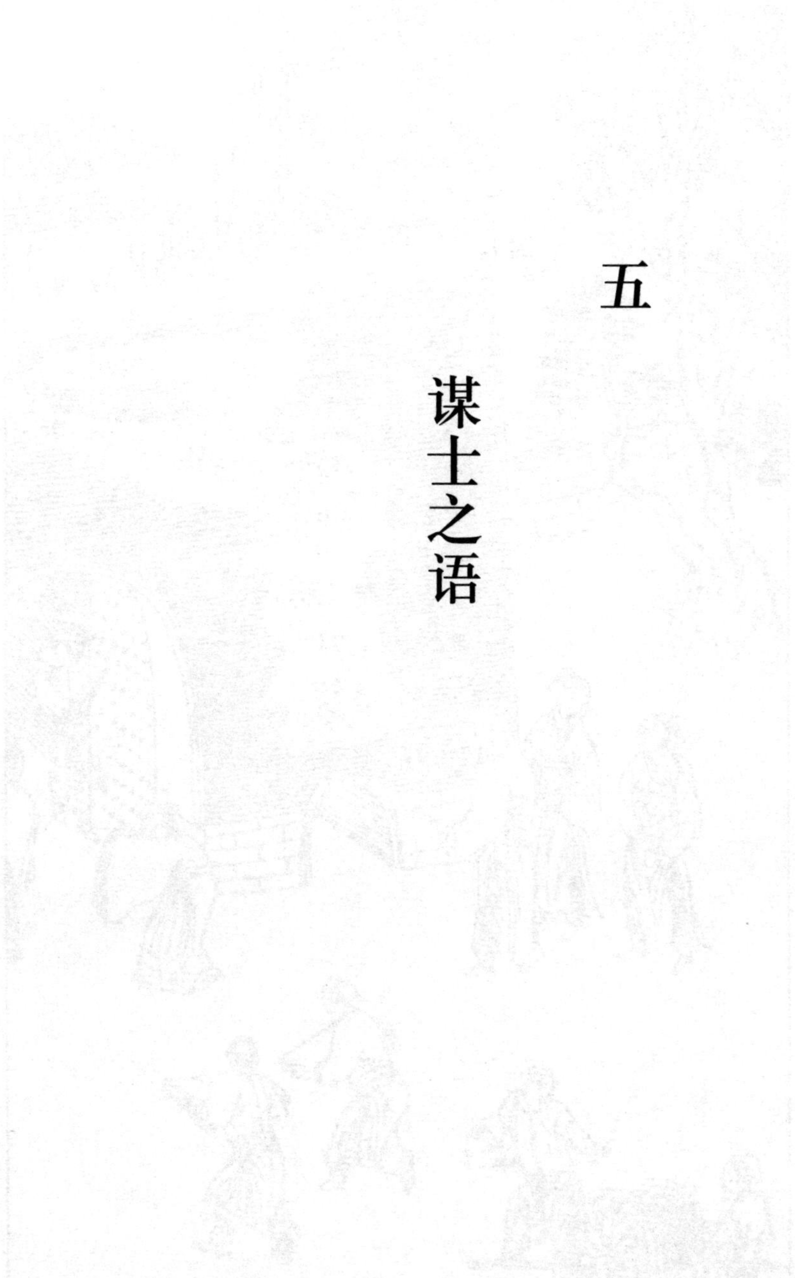

五 谋士之语

晏平仲巧辩服荆蛮（据明末刊本《东周列国志》插图）

范蠡

——功成名遂身自退

在春秋历史上，千古流芳的名臣谋士不乏其人，然而谁也无法掩去范蠡的风采。一介布衣的他，为政复国兴邦，从商聚财千万。出类拔萃的范蠡无疑是励志的榜样，但更令人钦佩的却是他淡泊名利、洒脱从容的处世态度。满腹经纶、胸藏韬略，使他木秀于林；审时度势、特立独行，使他进退自如。“忠以为国，智以保身，商以致富，成名天下”的赞誉，实至名归。

治国有方、用兵有术的范蠡是越王勾践身边重要的谋臣，但最初勾践对范蠡也并非言听计从。在勾践继位之初，打败了前来进攻的南方霸主吴王阖闾，这使原本就雄心勃勃的勾践更加急于与吴争雄。继位的第三年便想去攻打吴国。深谋远虑的范蠡深知时机尚未成熟，便巧妙劝谏道：“治理国家有三件事要注意：国家强盛时要设法保持下去；国家将倾覆时要设法转危为安；平时处理国家政事要得当。”一心希望国富兵强的勾践问道：“要做到这三点该怎么办呢？”范蠡恭敬地回答说：“君王您不问我，我不敢说。要保持国家强盛就应顺从天道，要使国家转危为安就应顺从人道，要妥善地处理国家政事就应顺从地道。只有顺应天意人心，才能有所作为。可是现在君王您没有等到国家殷富，就要采取过分的举动；没有等到国势强盛，就先骄傲起来；没有付出辛劳，就夸耀自己的功劳。吴国没有天灾人祸，就想发动进攻、挑起事端。这样会违背天意，而且失掉人和。君王您如果一定要伐吴，必将危害国家，损害自身。”

勾践闻言心想：这哪里是治国之道？分明是不想我伐吴称雄！勾践不满地沉默了，这无声的语言意味着拒绝。范蠡见委婉建议无效，只好直言进谏：“好勇斗狠是违反道德的行为，攻战的兵器是不吉祥的器物，战争是一种最后的手段。阴谋做不道德的事情，喜欢使用不吉祥的器物，首先向别人挑起事端的人，最终反要被人所害。首先挑起战争，绝不会有好处。”这样的话无异于将一盆冷水浇在勾践的满腔热情上，初战告捷的自得和急于求成的心切已使勾践听不进去任何意见，更何况是这样的“冷言冷语”。勾践伐吴的热情没冷却，脸色倒是越来越冷了，冷冷地说：“不要再说这些混淆视听的话了，我已经拿定主意了！”越王勾践出兵攻打吴国，在五湖之战中，果然如范蠡所预言的那样被吴军打败，勾践退守到了会稽山上。

坐困愁城的越王悔不当初，召见范蠡向他请教说：“我没有听从你的话，落到了这步田地，现在该怎么办呢？”此时的勾践不再是当日那个一意孤行的傲慢君王，而是一个落魄失意的无助之人，范蠡心知这一次勾践定会虚心受教，便直言不讳地建议因高调吃亏的勾践低调从事：“现在应该用极谦卑的辞令、极恭敬的礼节，带上珍宝和女乐，去向吴王求和，并用高贵的名号推崇他。如果这样还不行，那就只有君王您亲自去做他的奴仆。”越王勾践不愧是英雄，能屈能伸，竟果断地同意了，并派大夫文种去吴国求和。吴国最终答应了。于是，越王勾践按照范蠡的建议，让文种留守在越国，自己带着范蠡到吴国给吴王做臣仆。吃一堑，长一智。勾践已经体会到虽然范蠡的建议不是逆己之意，就是令人尴尬，但是行之有效、立竿见影。

忍辱偷生的代价换来了重整旗鼓的机会。君臣在吴为仆三年后，吴王让他们回到了越国。回到越国后，勾践按照范蠡制定的治国方略率民生息、励精图治，国力日渐强盛。同时，对吴国运用欲擒故纵的策略，诱使吴王夫差日益荒淫乱国。似乎离报仇雪耻的日子越来越近了，勾践心底蛰伏的仇恨一次次蠢蠢欲动，但前车之鉴，使他变得内敛沉稳，一年年谨慎谦恭地向范蠡请教是否可以出兵伐吴，范蠡总是劝他要等待时机，切勿急于求成。就这样，经过“十年生聚，十年教训”之后，公元前473年，越王勾践带兵伐吴，越军大破吴国，吴王夫差被围困在吴都西面的姑苏山上。

多么似曾相识的一幕，当年越王勾践退守会稽山上，如今吴王夫差被困姑苏山上。完美的复仇时机终于呈现在勾践面前，然而这位为报会稽之耻卧薪尝胆、忍辱负重的君王，在面对夫差一再的讲和请求时，竟于心不忍了，几次想答应吴王的请求。睿智的范蠡知道一旦心软而放虎归山，将失去这千载难逢的灭吴机会。范蠡一次次坚决地反对讲和。最后，范蠡亲自出面代越王回绝了吴国使者的请求，并且不向越王回报就果断地带兵攻吴，不伤越民而灭吴。这便是作为军事家的范蠡，不仅有过人的冷静和判断力，还有过人的胆识和行动力。

如果故事停止在这里，不过是历史上又多了一位极富才干的谋士而已，怎能见出范蠡的独特与珍贵？辅助君主一雪国耻、成就霸业的范蠡，没有像其他人那样凭借汗马功劳飞黄腾达，而是功成不居、悄然离去。

灭掉吴国返回五湖时，范蠡向越王告辞说：“君王您从此努力治国吧，我就不回越国了。”勾践惊奇地问：“我不明白你这样说是什么意思。”范蠡微笑着答道：“我听说，做臣子的，君王忧虑，臣子就要为他操劳；君王受辱，臣子就要为君而死。过去大王您困守会稽受到兵败之辱时，我之所以没有为您而死，就是为了报仇。如今仇已报，请让我补受在会稽时就应该受到的惩罚。”越王勾践说：“你这是何必呢？如果有不原谅你的过失、不称赞你的美德的人，我将让他在越国不得善终。你听我的话，我要把国政分一部分给你主管。你若不听，就处你死刑，连你的妻子也一起杀了。”越王这番恩威并施的话里，有对范蠡成就的认可、有对范蠡未来的许诺，也有对范蠡无形的依赖与威胁。但无论这番话里透着敬仰还是狠意，都不能改变范蠡离去的心意，他不疾不徐地回答说：“我听到您的命令了。您可以执行您的法令，我也按照我的意志做事。”最终范蠡悄悄地乘着一叶扁舟泛游于五湖之上，没有人知道他最后的去向。良谋遭拒为奴三载，仍能不离不弃助君安邦定国，有此恒心才干者能有几人？功名利禄荣华富贵，能淡然视之急流勇退，有此从容洒脱风采者能有几人？这就是最特别的范蠡。

范蠡悄然而去，让勾践感伤之余竟有一丝轻松之感，他命令工匠用上等的金属制成范蠡的雕像，每天供奉礼拜，并命令大夫们每十天也要朝拜一次，同时把会稽山四周三百里土地划为范蠡的封地，说：“后代的子孙，有敢侵占范蠡这块封地的，将在越国不得善终，天地神灵、四方的官长都可作证。”

时间又一次证明了范蠡的睿智与眼光。辅助勾践灭吴的两位良臣——范蠡和文种，明智的范蠡功成身退、远走他乡；忠实的文种称病不朝、反受猜疑。离去的范蠡被勾践供奉朝拜；留下的文种被勾践赐剑一把，自杀身亡。这样的结局，除了感慨，似乎还有些什么，困在人生棋局中的何止文种？念念不忘或是轻轻放下，我们又如何抉择？

鲍叔牙

——管鲍之交情谊深

管鲍之交，是一个用来形容朋友之间深情厚谊的成语。“管”指的是管仲，“鲍”指的是鲍叔牙，两人是春秋时期齐国人，他们之间彼此了解、互相信任的深厚友谊，千百年来一直被世人称颂。

两人早年相交之时，管仲生活困顿，鲍叔牙便时常相助。后来两人步入仕途、成为谋士，管仲做了公子纠的师傅，鲍叔牙则做了公子小白的师傅。虽然两人各为其主，但鲍叔牙始终如一地尊重、信任管仲，管仲也一如既往地视鲍叔牙为知己。齐国内乱，鲍叔牙侍奉公子小白逃亡到了莒国，管仲也侍奉公子纠逃亡到鲁国。后来，齐襄公被杀，国不可一日无君，流亡在外的公子纠和公子小白都想回国继承君位。管仲在鲁庄公的帮助下，想把公子纠送回齐国，途中与鲍叔牙和公子小白一方相遇，管仲护主心切，一箭射中小白身上的铜制衣带钩，小白趁势诈死，骗过了管仲，抢先回到了齐国，成为齐国国君。而晚了一步的公子纠和管仲则沦为阶下囚，被羁押在鲁国。

公子小白成了齐桓公，鲍叔牙成为首功之臣，齐桓公打算任命鲍叔牙为国相。鲍叔牙却推辞说：“我不过是一个庸臣。您给了我恩惠，照顾我，让我免受饥饿寒冷之苦，这就是您对我的恩赐了。

如果要治理国家的话，那就不是我所擅长的。若论治国之才，大概只有管仲了。我有五个方面不如管仲：以宽厚慈惠来安抚民众，我不及他；治理国家不忘根本，我不及他；为人忠实诚信，能得到百姓的信任，我不及他；制定的礼仪足以使天下效法，我不及他；立在军门之前击鼓指挥，使百姓加倍勇猛，我不及他。”名利权势唾手可得之时，鲍叔牙想到的却是身处困境的挚友。鲍叔牙知道此时如果自己不救管仲于危难，恐怕管仲再也没有机会施展他那经世治国的才能了。

齐桓公一听到管仲之名，满心不悦，鲍叔牙推荐的竟是想要杀死自己的仇人！桓公忍不住生气地说：“那个管仲曾用箭射中了我的衣带钩，使我险些丧命。这样欲置我于死地的人岂能放在身边？”鲍叔牙想到桓公会有此反应，早已有应对之词，平心静气地解释说：“管仲那是为他的主子出力啊！您若能宽宏地赦免他的罪过，让他回到齐国，他也会那样为您出力的。”

鲍叔牙冷静的态度和颇有道理的话语，让齐桓公平静下来，心想：的确，反思那一箭之仇，正说明管仲不仅是个有谋略的属下，还是个忠于主上的属下。这份忠诚与鲍叔牙何其相似啊，鲍叔牙追随自己多年，出谋划策、忠心耿耿，是自己的心腹重臣。他能如此力荐管仲，这管仲必定是才能卓越、品德端正之人。如今自己才登上君王宝座，齐国政局初定，百废待兴，正是危难之际、用人之时。此时急需忠臣良相的辅佐，管仲之才干正可助自己一臂之力。想到这，桓公改变了诛杀管仲的初衷，决定对管仲委以重任。桓公问鲍叔牙：“你说的很有道理，就起用管仲吧，但怎样使他回来呢？”

紧张的气氛终于过去，鲍叔牙悬着的一颗心慢慢放了下来。虽然齐桓公知人善用，但毕竟君心难测。管仲曾是他的政敌、仇敌，齐桓公一怒之下下令杀掉管仲或者拒不任用都是极有可能的，现在总算雨过天晴了。鲍叔牙暗暗地长出了一口气，回答说：“向鲁国提出请求，派人请他回来。”桓公为难道：“施伯是鲁君的谋臣，若知道我将起用管仲，一定不会把管仲交给我的。那可怎么办？”鲍叔牙回答说：“派人去向鲁国请求说：‘我们国君有个不遵守命令的臣子在贵国，我们想在群臣面前处死他，所以特意请求把他交还给我国。’这样鲁国就会把他放还我国了。”桓公觉得鲍叔牙这招以退为进的计策不错，便派人去向鲁国请求，完全按照鲍叔牙说的那样去做。

使者前往鲁国，鲍叔牙的心又一次悬了起来，齐国这边已经为管仲敞开了大门，但鲁国是不是能放管仲平安回国呢？尽管对自己的计谋颇为自信，但是仍不免为管仲的安危心焦。既担心鲁国行事鲁莽、伤害管仲，又担心使者言辞有失、办事不力。鲍叔牙的关心则乱，似乎是庸人自扰，但这何尝不是他对管仲深挚友情的流露呢？

鲁庄公果然向施伯询问如何处置管仲之事。施伯亦料到了齐桓公的真实目的，说：“这不是想处死他，而是要起用他来执政。管仲是天下的奇才，他所效劳的国家，一定能成为天下的强国，齐侯一定会称霸诸侯。让他返齐，必将会长久地成为鲁国的祸患。”庄公紧张地问：“那怎么办呢？”施伯答道：“杀了他然后把尸体交还给齐国使者。”于是，鲁庄公准备处死管仲。当管仲命悬一线之时，齐国使者的话救了他，使者向鲁君要求说：“我们国君想亲自处决他，如果不把他活着带回去在群臣面前施刑示众，就如同没有向贵国请求一样。我们请求让他活着回去。”齐国使者的话表面上谦恭有礼，实际上态度强硬。鲁君见自己的意图已被齐人察觉，不敢轻易得罪齐国，只得派人把管仲捆缚起来交给齐国使者。齐使得到了活着的管仲后便离开了鲁国。

得知管仲幸免于难，鲍叔牙默默地笑了，好友平安无事，自己终于可以放心了，剩下的事就看管仲自己的了。这几日，鲍叔牙已在齐桓公面前说了许多关于管仲的事，桓公对管仲的到来充满期待。鲍叔牙相信，只要管仲愿意为齐桓公效力，他必定能以其经世之才得到桓公的赏识和重用。

当管仲回到齐国，齐桓公派人为他三次熏香、三次沐浴，还亲自到郊外迎接他，进宫后又请他坐下来交谈，言谈举止之间没有丝毫轻慢怨恨，求贤若渴的态度中尽显明君风范。管仲死里逃生，以罪臣之身回国，却受到如此礼遇，内心感慨万千。深知齐桓公能亲自相迎、有重用之意，定是挚友鲍叔牙从中费心周旋。怎能不回报鲍叔牙的一片心意？怎能不感激桓公的知遇之恩？有友如此，夫复何求？有君如此定当图报！被任命为国相的管仲为桓公制定了全面的治国安民之策，最终辅佐其成为春秋五霸之首，亦以此回报了鲍叔牙对自己的举荐之恩。就这样，鲍叔之贤、管仲之才成就了“管鲍之交”的千古美谈。

伍举

—— 爱惜民力驳台美

伍举，即椒举，春秋时期楚国大夫。或许这个名字稍显陌生，如果换一个说法，伍子胥的祖父，这样是不是有些似曾相识的感觉了呢？那个逃亡路上一夜白头、报父兄之仇鞭尸三百的伍子胥之名，对我们来说耳熟能详。不幸的遭遇使伍子胥一步步走上了复仇的道路，并留名青史。而伍子胥的不幸，说起来，正和他祖父有关。

伍氏，是楚国世族，以工于计谋、富有见地著称。正因如此，伍氏一族对楚国的内政影响颇大。颇具争议的楚灵王能威震华夏、称霸四方，便得力于伍子胥的祖父伍举。伍举因助楚灵王弑君篡位，而成为灵王死党。伍举之子即伍子胥之父伍奢因楚平王听信谗言而无辜被杀。伍奢之死，成为伍子胥一生的“十字架”，他的人生意义自此便在于筹划和实现复仇之计。伍奢固然是因谗而死，但深层的原因其实是因为伍举与灵王是死党，而灵王与楚王是死敌。人生的成败得失实难一言道尽，跌宕起伏之间悲喜相生。伍举当日的荣耀，却为后人留下了隐患。

然而，伍奢、伍子胥的人生悲剧，却正反射出伍举在楚灵王时代的辉煌。令人钦佩的是伍举并未因此恃宠而骄，反而对奢侈的楚灵王多次谏之以礼。一次，奢侈的楚灵王在章华建造了一个华美的高台，邀请伍举一起登台观赏，君臣二人登上了章华台，灵王忍不住夸耀道："这高台壮美吧？"等着听到赞美回应的灵王，等了半天，没等到，回首却见他的爱卿伍举冷着一张脸，不但没有喜色，反而尽是忧虑之色。这时伍举开口了："我听说国君把接受天子的爵禄当作美，把安抚百姓当作快乐，把能听到有德的声音当作听觉灵敏，把能招来远方的人归附当作贤明。还从没有听说把楼台建得高大当作美，把钟磬笙箫等演奏乐队的盛大和喧哗当作快乐，没有听说把观赏阔绰的场面、看着奢侈的摆设、沉溺于美女的姿色当作贤明，把能分辨音乐的清浊当作耳朵灵敏。"

楚灵王不以为然地看向远方，心想：如此华丽的高台、如此怡人的景色，伍举看不到，就能看到那些至理名言的大道理啊。伍举可没楚灵王的那份闲情逸致，他眼里看到的的确不是什么壮丽景色，而是潜藏着的危机。楚灵王为满足一己私欲，大兴土木、尽耗民财，给百姓带来沉重负担，长此以往一定会民心背离的。

思及此，伍举不由得说道："我们先君庄王建造的匏居台，高度只够观望预测国家吉凶的云气，大小只够容纳举行宴会，所用的木材不影响修建城郭守备的需要，财务支出不增加官府的负担，没有耽误百姓四季的农时，也没有打乱官吏日常的政务。若问是宴请的谁，那是宋公和郑伯；若问是谁承担导引朝见的礼节，那是宋国的华元和郑国的驷騑；若问是谁辅佐宴会事务，是陈侯、蔡侯、许男、顿子，大夫们各自陪侍自己的国君。先君就靠这样消除祸乱，战胜敌国，而并没有得罪诸侯。现在君王您建造了这高台，使国家和百姓疲惫不堪，钱财都用光了，年成不好，百官繁忙，举国上下都来建造它，经过好几年才建成。修完之后又希望有诸侯来庆贺，并跟他们一起首次登上高台，可是诸侯们都拒绝没有一个来的。后来又派太宰启疆去请鲁侯，并用蜀之战威胁他，鲁侯才勉强前来。君王您又叫俊美娴雅的少年辅佐宴会事务，长髯美须的士人导引朝见，这就是您心目中的美吗？可我不知道这有什么美。”

这番话说得楚灵王脸色很难看，伍举将自己与先君楚庄王作对比，事事都是庄王英明神武，而自己处处是错。这个伍举啊，让他陪自己观赏美景，可他倒是数落起自己的不是来了，还揭自己的短。不过是建了个高台，哪里就至于危机重重呢？这么长篇大论的，有必要吗？可是，伍举的长篇大论并没有因为灵王不悦的神色停止，或许是因为伍举知道楚灵王还没认识到问题的严重性，所以继续义正词严地说道：“所谓美，是指对上下、内外、大小、远近都没有妨害，才能叫美。如把赏心悦目当作美，就会使财用匮乏，搜刮民脂民膏使自己富有却让百姓贫困，有什么美呢？当国君的人，要与百姓共处，百姓贫困了，国君怎么能富足呢？况且私欲越大越多，道德仁义就会越缺越少。德义不能实行，就会使身边的人忧愁叛离，远方的人抗拒违命。如果聚敛民财来满足自己的私欲，百姓耗损财力不能安居乐业，便会萌生叛离之心，那将危机四伏、后患无穷，登台远眺、观赏美景，还有什么用呢？建造台榭，应该是用它教民兴利的，是为了要让百姓得到利益，没听说是为了使百姓穷困的。如果您认为这高台很美，并且以为这种想法是正确的，那么楚国可就危险了！”

语重心长的一番言辞，极有见地和远见。可惜楚灵王并未听进去，穷奢极欲的他最终落得众叛亲离、自缢身亡的可悲下场。或许，流浪在外饥饿难耐之时，楚灵王会后悔自己华衣美食时的挥霍无度；失去一切投缳自尽之时，会后悔不听章华台上伍举之言。“台美楚殆”一语成谶，爱惜民力乃治国之本，这不仅仅是楚灵王一个人的教训，伍举之言至今仍振聋发聩。

郭偃

—— 考省不倦语精妙

《国语》一书共二十一卷，记载了八个国家的历史片段，通过对人物言论的记述来展现历史事件，其中《晋语》九卷，所占篇幅最多，可见晋国中能"嘉言善语"者甚多。晋国大夫郭偃，掌管占卜，故也称卜偃，就是这样一位言语精妙的有识之士。

据说，春秋之时，晋文公与齐桓公齐名，郭偃与管仲亦是齐名的，两人皆是辅助其君主称霸诸侯的能臣。只是到了后世，管仲之名依然家喻户晓，郭偃之名却渐渐被人淡忘了。我们不妨于《国语》中寻觅一下这位声名沉寂了的谋士，领略一下他的风采。

"骊姬乱晋"是晋国历史上著名的政治事件。当骊姬还是红颜而未成祸水时，大夫史苏占卜得到"挟以衔骨，齿牙为猾"的兆象，担心骊姬会成为祸乱之源，甚至会成为亡国之因。对于史苏的先见之明，乐观豁达的郭偃却自有一番见解："夏、商和西周三个末代君王的灭亡是应该的。作为百姓的统治者却放纵淫乱而毫不反省，肆意奢侈而毫不忌讳，行动随心所欲，无所不用其极，所以亡了国而且得不到后人的追念。现在晋国是个偏远的小侯国，土地不多，齐、秦等大国就在旁边，即使国君想放纵惑乱，也没有那个条件，国内的上卿和邻国将会教导他，如果他不听劝告，只不过会一次次地用新君取代荒淫的旧君，还不至于亡国。虽说会多次改立新君，但也不可能超过五次。”听了郭偃的话，刚才因史苏的话颇为忧虑的大夫们眉头稍展，但为什么是五次呢？

郭偃看出大家的困惑，解疑道：“说到‘口’，‘口’在星象上是纪日、月、星三辰和宣五行的，所以由‘口’而引发的内乱，不过牵涉三个或者五个国君而已。至于‘挟’，只是小梗塞而已，可能造成小的内伤，但不足以亡国。当事者虽受到伤害，对晋国则无大碍。虽说是内外挟持，而且齿牙咬弄，口不能承受，但又能为害多久呢？晋国戒惧得太过分了，亡国还不至于。商朝衰亡的原因，在钟鼎铭文上是这样记载的：‘小小的德行，不足以让世人归心，不可以因此而自夸，那样只会带来忧患。少少的食禄，不值得贪占，不能肥已，那样只会遭到不幸和灾祸。’就算骊姬挑起内乱，不过是她自己遭到不幸罢了，又怎么能使人顺从呢？我听说通过动乱聚敛财富邀笼人心的人，没有好的谋划，就不能维系长久；得不到民众，就不能自免于难；不合礼法就不能长久；不合仁义就不能得善终；缺少德惠就不能得到继嗣；没有天命佑助就不能长盛不衰。现在骊姬不居安而处危，不能算善谋；做齿牙咬弄的事以害人，不能算得民心；毁弃国家而为个人，不能算合乎礼；不考虑利害而以邪夺正，不能算讲义；自恃得宠而招怨国人，不能算有德；缺少盟友而广树政敌，不能算得天助。不行德义，不效礼法，背弃百姓，缺乏谋略，所以上天也不会帮助她。依我看君夫人如果挑起内乱，将会像农村的奴隶一样，虽然获得一块肥美的良田并且勤于耕作，也不够吃的，只是为人辛劳而已。”大夫们觉得史苏和郭偃的话都是很有道理的，既要对骊姬祸国有所警觉，又不必过分恐慌。

后来发生的事，证实了两人的先见之明。骊姬果真图谋不轨，发动了政变，但她的阴谋最终没有得逞，晋国的内乱在秦国的干预下渐渐平息了，立了五个国君后晋国安定下来。

晋惠公回国即位后，就背弃了他事先许诺的送给国内国外贿赂的诺言。言而无信的行为令大家对他颇有微词。或许是为了收买人心，晋惠公下令为申生改葬。虽然申生死时没有按礼节埋葬，但是总算是入土为安了。如今惠公偏要以正礼改葬，使尸臭散发到棺材之外。国人对其哗众取宠的行为很是反感，讥讽道："想按礼节改葬却得不到好报哩，是谁使这股臭气逸出？虽要纠正葬礼却无人听从，虽想标榜信义却不见真诚。国家没有这样的法则，让盗窃君位的人还能侥幸活着。不改变他的弊政，晋国的命运将会沉沦。畏惧伪君啊怀念重耳，等待重耳的归来，是大家共同的愿望。想摆脱伪君啊远走他乡，又难舍故土而内心哀伤。二七一十四年以后，伪君和他的儿子将要灭亡。远在狄国的公子啊，他是我们的依傍。他将镇抚国家啊，做天子的辅佐最理想。"

大夫郭偃听说了国人的讽诵之词，没有粉饰太平，也没有惊慌之色，这样的局面本在他的意料之中，慨叹道："厉害极了，好事真难做！国君改葬申生原想借此显示荣耀，却使自己的罪恶更加昭著。一个人内心美好，必定会表现于外，并且传扬于民间，受到民众的爱戴。反过来，一个人内心丑恶也一样。所以行动时不可不慎重啊。一定有人会知道，十四年后国君的儿子将被诛戮吗？十四这个数字已经为民众所知了。公子重耳会回国吗？民众已经看到迹象了。他如果回国，一定会称霸诸侯而朝见天子，他的光辉已经照耀于民众了。数字是预言的记录，迹象是民意的先导，光辉是贤明品格的闪耀。用记录预言来表述，用阐发民意来引导，用闪耀的光辉来昭示。重耳不回国还等待什么？打算为他做先导的人可以行动了，他将要到了！"他不仅认可国人的说法，而且建议公子重耳的拥护者该有所行动了，并大胆预言重耳必将称霸诸侯、为晋国带来荣耀和辉煌。

不得不说郭偃胆识过人，如此言论在仍大权在握的惠公听来，就是忤逆之言啊，可郭偃对惠公的辛辣嘲讽还不止于此。当晋惠公为杀了帮他回国继位的里克而感到后悔时，惠公埋怨他的谋臣说："冀芮呀，是你让我错杀了国家的重臣。"惠公的话听来似乎是深有悔意，但实际上不过是在推卸罪责。冀芮不敢抗辩，郭偃听到后，却直言不讳地说："不为国家打算而劝说除掉里克的，是冀芮。不经过思考就轻易杀人的，是国君自己。不为国家打算而进言，是不忠。不经过自己思考就杀人，是不祥。不忠，要受到国君的惩罚。不祥，将遭到天降的祸难。受到国君诛罚，死了也蒙辱。遭到天降的祸难，将会绝后代。通晓事理的人不要忘记，灾祸将要到了！"晋惠公十五年，惠公去世，晋怀公即位，秦人从楚国迎重耳回国。晋人在高梁杀了怀公，把君位授与重耳，他就是名垂青史的晋文公。晋文公回国后，秦国人杀了冀芮，并陈尸示众。此消彼长、福祸之间，一一应验了郭偃当日之言。

虽然郭偃是助晋文公成就霸业的重要谋臣，但《国语》中并没有记载太多相关的史实，所载多是郭偃识人断事的精妙之语，与晋文公直接对话的就是郭偃论治国之难易一则。晋文公对郭偃说："过去我以为治理国家很容易，现在做了国君，才知道治理国家是很困难的。"郭偃能理解这位励精图治之君的感慨，他没有讲深奥的道理，而是简单地回答说："您以为容易，那么困难就要来了。您以为艰难，那么容易也就快来了。"郭偃用朴素的辩证观点言简意赅地阐释了难易之间的关系，化解了文公的忧虑，鼓舞了文公的斗志。虽说只有寥寥数语，却可见出君臣之间的相互信任。由此不难想见，郭偃为晋文公成就霸业做出的贡献。

这就是《国语》为我们还原出的郭偃，一位善观得失、善察民意、善谏君主的谋臣。虽然声名沉寂，但又有何妨呢？既已了却君王天下事，又何须在意身后千载名？既已尽心尽力，又何必徒增烦忧？

曹刿

——施惠于民胜必至

战争——春秋时代不曾沉寂的主题。硝烟散去，有胜有负，尽管有胜者高歌、败者低叹的不同，但对战争胜负得失的分析与反思则是一致的。交战双方都会不约而同地思索，是什么决定了战争胜负呢？在诸多因素中，民心所向无疑是一个重要因素。著名的齐鲁长勺之战，鲁国以弱势取胜，得益于富有智谋的曹刿之力。战争之前，曹刿论战，在他看来，战争胜负的关键并非兵强马壮，也非谋臣良将，而是人心所向。

鲁庄公十年，齐国兴兵伐鲁，两国的军队将在长勺交锋。面对敌强我弱的形势，曹刿问鲁庄公凭什么条件与强大的齐国作战。鲁庄公心里知道，自己当年在齐国内乱时，站在公子纠一边，令齐鲁两国结怨，只是这场战事的表面的原因，深层的原因还是齐桓公想称霸诸侯、成就自己的霸业。他静静思索了片刻，鲁庄公说："我十分慷慨，对待百姓，从不吝啬衣服和食物；祭祀神祇，从不吝啬牛羊和玉器。"鲁庄公觉得自己作为一个国君不聚敛财富，能取之于民、用之于民，又敬祀神明，当算是"有德"之君了。所谓"得道者多助"，有百姓的拥护、神明的庇佑，凭借良好的德行应该可以与齐抗衡吧？

令鲁庄公意外的是，曹刿对他回答却不以为然，说："治民以施惠为本，只有从根本上树德施惠，百姓才会衷心归附，百姓齐心、民众安宁，神灵才会降赐福祉。如果您能向百姓广施恩德并公平合理地处理政事，能使君子专心于协助治国、小民致力于努力劳作，同时您治理国家的举措不违背时令，财物耗费不超过礼制、国家财用不缺乏，百姓的日用就不会匮乏，大家才有能力供奉神灵。这样，您动员百姓没有不听从的，求神降福没有不应验的。"曹刿这番话强调了民为邦本的治国理念，对此鲁庄公既认同地点头，又暗暗地心生疑问：我现在不就是这样做的吗?

曹刿仿似听到鲁庄公心中的疑问，继续说道："现在您只是到了临战关头才给百姓施点小惠，祭祀也只是独自向神灵供奉祭品。小惠不能普及，独自供奉也不能使国家上下都丰裕。不遍施恩德，则百姓不会归附；祭品不丰厚，神灵不会降福，您凭什么去作战呢?百姓所求的是日常所需不匮乏，神灵所求的是祭品的丰裕，怎能只顾一时之利而不寻求治国的根本呢?"鲁庄公被曹刿说中了心中所想，不由得面带愧色，略显尴尬的静默过后，庄公说："我审理百姓诉讼案件时，虽然不能做到明察一切，但总是力求按实情断案、以情理判断，尽力做到合情合理。"这次，曹刿点头称是，回答说："这就可以了，若能做到这样，就可以与齐一战。只要真心考虑百姓之事，智慧即使有所不及，也一定能达到胜利的目的。"

得到了曹刿的认可和鼓舞，鲁庄公沉重的心情变得轻松不少，而此战的结果更令鲁庄公惊喜，处于弱势的鲁国居然真的战胜了强大的齐国。在齐鲁长期的斗争中，长勺之战是鲁国的一次罕见的胜利，也是齐桓公争霸史上少有的一次挫折，使齐桓公不得不调整自己图霸之争的战略方案。长勺之战的规模虽然不大，但它却正确地反映了弱军对强军作战的基本规律和原则，为历代兵家所称道，曹刿亦因此而美名传扬。曹刿以民为本的思想，在今天看来仍有重要价值：战争之时统治者要关注民心向背，治国之时统治者要注重施惠于民。施惠于民的同时统治者亦要以身为范教育民众，这也是《国语》为我们展现出的曹刿思想的另一个闪光之处。

一次，鲁庄公要到齐国去观看社祭，就是祭祀灶神而娱民的节日。正当鲁庄公兴致勃勃地准备出发时，却遭到了曹刿的劝阻，说："您不能去。礼，是用来端正、教化百姓的。因此先王为诸侯定下制度，规定诸侯每五年中要派使臣聘见天子四次，诸侯亲自朝见天子一次。朝见完毕就集中在一起讲习礼仪，用以厘正爵位的尊卑，遵循长幼的次序，规范上下的法度，确定纳贡的标准，在朝会期间不能缺席或怠慢。现在齐国废弃始祖太公望制定的礼制，社祭让百姓去观看，您还要为这种活动前去参观，这是没有先例的，如果这样做，今后怎么训导百姓呢？春天举行社祭，是祈求农事得到上天的赐福；秋天收获以后举行社祭，是为了向土神报功并结束农事。而如今齐国组织社祭让大家去观看，这不符合先王的法度。天子祭祀上天，诸侯要参加助祭以听受政令；诸侯祭祀先王先公，卿大夫要参加助祭以履行其职事。我没有听说过诸侯之间可以互相观看祭祀的，况且这种祭祀又不合法度。国君的一举一动都必定由史官记载于史册，所记载的不合法度的事，后世子孙们将会怎么看呢？而以您为榜样的百姓又如何仿效呢？"

重礼知义的曹刿认为国君应该用礼来教化百姓，而国君自身首先要遵守礼制，这样才有助于教化百姓。这一治国之道却没能得到鲁庄公的采纳，不听劝阻的庄公还是去了齐国。鲁庄公相信曹刿施惠于民胜必至之言，果然胜利如期而至，而其不纳良言、违背礼法之行亦如曹刿所料被记于史册。庄公，一国之君；曹刿，人臣而已，上下有别。史册中的两人亦有高下之分，庄公成为时明时暗的背景，衬托出曹刿以民为本、知礼守制的思想光辉。

六

奸佞之语

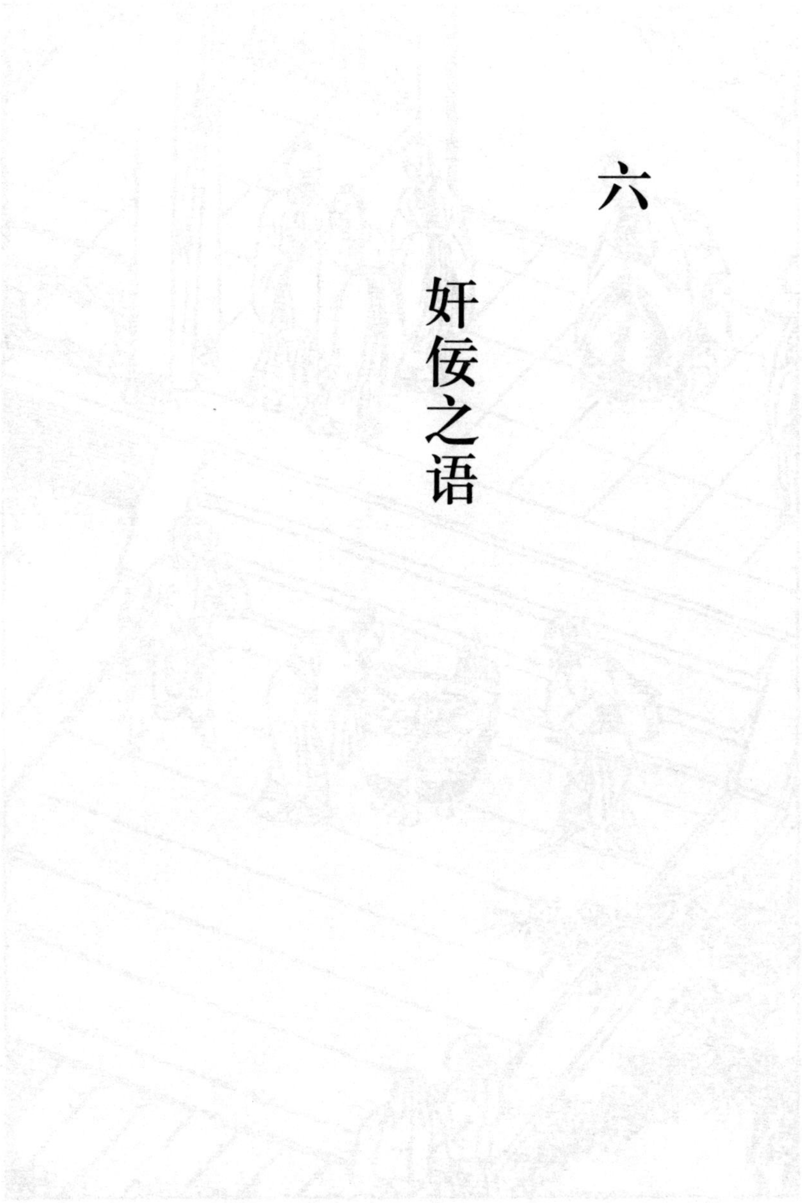

叔詹据鼎抗晋侯（据明末刊本《东周列国志》插图）

栾书

——盛名之下祸心藏

这世上，最宽广的是人的胸怀，能包容痛苦与欢乐、诋毁与称颂；最狭窄的却也是人的胸怀，容不下他人反对的声音、容不下别人的功成名就。这就是人的心，最难看透、最难揣测。纵使是位高权重、声名显赫者，那辉煌的背后、不为人知的内心里，或许也住着嫉妒的魔鬼。

栾书，就是这样一个盛名之下暗藏祸心的权臣。他是春秋时期晋国的上卿，事晋景公、晋厉公、晋悼公三朝，乃功勋卓著的元老级人物。春秋后期晋国著名的贤臣叔向曾对栾书甘于清贫之德、安邦定国之才大加称赞。然而，栾书不仅是才能卓越、颇识大体的贤卿，也是口蜜腹剑、居心叵测的奸佞。为了维护自己的权威和利益，不择手段地构陷有能之士，最终激化国内诸多矛盾，导致晋国内乱爆发。

晋厉公六年，晋国讨伐郑国，并且派苦成叔和栾黡分别前往齐国、鲁国请求出兵。面对强敌压境的境况郑国自是不会坐以待毙，赶紧向楚国求救。楚恭王率领东方的夷人前来援救郑国。两军阵前，楚晋对峙。楚军还未摆好阵势，晋厉公就下令发动进攻。栾书认为等到齐鲁大军到来，一起发动攻势胜算更大，便劝厉公说：

"君王您已派栾黡他们到齐国、鲁国去调兵，请等齐、鲁两国的军队到了后再发动进攻吧。"栾书是中军主帅，又曾屡立功勋，他的话晋厉公不能置之不理，可心里又想趁乱进攻。

正在为难之时，新军副将郤至开口说道："不行。楚军就要撤退，我们这时进攻，必然获胜而归。楚军列阵而不避忌月底的晦日，这是第一个可乘之机；南方的夷人虽然和楚军一起来，却没有参与列阵作战，这是第二个可乘之机；楚军与郑军虽然摆出阵势，却很不整齐，这是第三个可乘之机；他们的士兵在阵列中大声喧哗，这是第四个可乘之机；众人听到喧哗必然会恐惧，这是第五个可乘之机。郑军观望楚军，楚军观望夷人，都没有斗志，我们不可坐失良机啊。"郤至的话不仅句句在理，而且正合晋厉公的心意。厉公听得喜上眉梢，很是高兴，得意扬扬地命令晋军迅速发起猛攻，于是在鄢陵大败楚军。

鄢陵之战使郤至大放异彩，他对军情的正确分析无疑是此战获胜的重要原因。可是，郤至卓越的军事才能虽让晋厉公对他青眼相看，但却使栾书对他心生怨恨。栾书认为郤至的言行触犯了自己这个中军王帅的权威地位。郤至的才能，在栾书看来不是晋国之福，而是自己之祸。失宠和妒忌都能使天神堕落，何况是栾书这样的凡人。栾书心中的妒忌和怨恨变成了阴谋和诡计，他决定设计陷害郤至，除去这个不把自己放在眼中的"炫耀者"。

战争中，晋国俘获了楚国王子发钩。心怀不轨的栾书对王子发钩说："你对晋厉公说：'郤至曾私下派人劝说楚王，趁着齐、鲁两国军队还未到来的时候，就和晋国开战。并且在打仗时，如果不是郤至望见楚王就下车奔跑的话，那楚王一定逃脱不了。'只要你这样说，我就设法放你回国。"发钩心想：这是无中生有啊，分明是存心陷害嘛，但自己是楚国的王子，晋国内乱，楚国可以渔翁得利，而自己也可以被释放，还是不要得罪栾书这个目前掌握着自己命运的人为好。于是，就按栾书的意思向晋厉公“告发”了郤至。

晋厉公正为此役大捷开怀得意，没想到敌方的王子向自己举报了功臣郤至的不轨之行。意外之余，难以定夺的晋厉公召来栾书商谈此事。栾书心里为诡计奏效暗暗窃喜，表面上却是义正词严，回答说：“我早已听说了，郤至准备作乱，叫苦成叔故意延缓齐、鲁两国出兵，自己却劝君王作战，一旦晋军战败，就迎接孙周回国为君，后来事情没有成功，因此故意放楚王逃走。”栾书的话让将信将疑的晋厉公心生忐忑，如果郤至真是有此打算的话，那自己的国君之位岂不岌岌可危？必须速速除去这个祸患！但郤至才能非凡，是不可多得的良将，这些传言如果不实，岂不又自乱阵脚、自断股肱吗？栾书看出晋厉公的犹豫，说：“在战争中擅自放走楚王，并接受楚王送来的礼物，这不是犯了大罪吗？这如果还不算不忠诚，您不妨稍作试探。如果郤至有异心，您派他出使周，他肯定会去见孙周。”正举棋不定的晋厉公觉得此计甚好，说：“对，就这样办！”

见晋厉公接受了自己的“建议”，栾书又暗中派人对孙周说：“郤至将要去你那儿，你一定要接见他！”孙周，为晋厉公之侄，不过是个在周安分度日的少年，怎知美名在外的栾书别有目的，不疑有他地同意了。安排好一切，栾书如设下陷阱的猎人般，静静等着猎物钻进圈套。郤至到周聘问时，晋厉公派人暗中监视，郤至果然去见了孙周，而孙周也接见了郤至。对郤至和孙周而言，这不过是个礼仪性的见面，而在晋厉公看来则是郤至背叛自己的罪证。

愤怒而恐慌的晋厉公便派胥之昧、夷羊五两人去刺杀郤至、郤犨和郤锜。郤锜对郤至说：“君王对我们不讲道义，不如我率领我们的同族和同党一起攻打他，即使我们死了，国家也肯定败亡，君王也必然会遭到劫难。这样可以吗？”郤至摇摇头说：“不行。我听说，勇武的人不发动叛乱，明智的人不使用欺诈手段，仁德的人不结党营私。如果利用国君的宠幸和俸禄得以致富，凭借着财富来聚集同党，利用同党去危害国君，那么现在国君派人来杀我们已算晚了。况且同宗同党们又有什么罪过？同样是一死，不如听从君王的命令而死。”就这样，“三郤”皆不抵抗而死，显赫一时的郤氏家毁人亡。栾书如愿以偿地除去了“三郤”以后，又杀害了晋厉公，然后迎接孙周回国，将他立为新君，这就是晋悼公。然而，阴谋陷害别人的人，自己亦难逃不幸。栾书的罪恶最终报应在其后人身上，后来晋平公以栾书颠覆了晋国的大宗为由，灭掉了栾氏的族党。栾书为维护权势、声名费尽心机，到最后却使家族倾覆，这就是命运对他的惩罚吧。

金无足赤，人无完人。身份高贵、声名显赫之人未必能虚怀若谷、礼贤下士。毕竟，去掉名利的点缀，依然是平常的人，当别人的锋芒掩住自己的光彩时，难免心有抵触。高尚之人，会为国有栋梁而喜悦；平凡之人，会为新人胜旧人而感慨；卑鄙之人，会为别人的成功而心生怨恨。如果说人间正道是光芒灼灼的太阳，那么人心便是阴晴圆缺的月，有明有暗。失去了太阳的光辉，月华便不再。生平功勋无数又怎样？声名远播又如何？一念之恶蒙蔽了道义良知，最终害人害己，声名狼藉。

里克

——自作聪明身名灭

称其为奸佞，心中多少有些不忍。他善于将兵、勇猛善战，曾是晋献公南征北战中最得力的干将；他善良圆滑、劝父慰子，曾竭力协调晋献公与太子申生的父子关系；他忧心国事、诛杀祸首，曾力主逃亡在外的公子重耳回国继承君位。

他就是春秋时期晋国大夫里克。里克是晋献公的股肱之臣，是能征善战的统帅，这样的他分明是能臣，为何会被视为奸佞呢？只因其自作聪明的行为，间接地使晋国政局陷入动荡，并最终将自己陷于死地。或许硝烟弥漫的沙场才是适合他纵横驰骋的地方，而在这看不见硝烟却危机重重的政坛，勇往无前的里克无所适从、畏首畏尾，无可奈何的抉择、自以为是的明智，使他一步步走向身死名灭的悲剧。

公元前672年，不断开疆拓土的晋献公又征服了一个国家——骊戎国。让晋献公喜上眉梢的，不仅是大获全胜，还有抱得美人归。美人骊姬，这是个令献公欢喜、令史苏叹息的女人。当深谋远虑的史苏预言骊姬必将乱晋时，里克还没意识到那个美丽的异国女子的危险，只是不明所以地问道："您的话是什么意思啊？"

当骊姬生下奚齐，晋献公打算废黜太子申生而改立奚齐为太子。里克想起了史苏的叹息，不由得心生惶惑，说：“史苏的预言将要应验了，可怎么办呢？”对晋献公忠心耿耿的大夫荀息说：“我听说臣事国君的人，应该尽力为之办事，没听说可以违抗君命的。国君定了的事臣子理应服从，怎么可以有二心呢？”大夫丕郑不以为然地说：“我听说侍奉国君的人，只能服从正确的决定，不可迎合他的迷乱。一定要让国君立申生为太子才对。”相对于丕郑、荀息的态度明确，里克的态度是暧昧的。他既不想违逆追随多年的国君，又不想伤害才德兼备的太子，说：“我没有才能，虽不懂得义，但也不会屈从国君的错误，我将静观事态的发展，现在只有保持沉默了。”于是三位各怀心事的大夫就此告别了。仿佛电影里的特写镜头，悄悄地预示着三位同朝共事的大臣将走向不同的命运。

野心似野草一般，一旦有了机会，便肆无忌惮地疯长。晋献公的宠爱、奚齐的诞生、优施的教导，成为骊姬野心成长的肥沃土壤。一天天、一年年，她一点点接近自己的终极目标——除掉太子申生，驱逐公子重耳和夷吾，立奚齐为君位继承人。终于，她等来了向太子申生施以致命一击的机会，只是她对一直态度不明朗的里克心存顾虑。里克是晋献公的股肱之臣，又曾在以往干扰过她计谋的实施。

那次骊姬蛊惑晋献公派太子伐东山，里克前来劝谏献公说：“我听说皋落狄人打算拼死作战，国君还是不要派申生去冒险吧！”献公冷冷地说：“让他去！”里克据理力争地回答道：“这不是过去的成例啊！以往国君出征，都是让太子留守，以监护国家；或者国君出征，让太子同行，以抚慰军心。如今您留守本国，而让太子出征，没有过这样的情况啊！”献公双眉紧蹙，不满地说：“这不是你该知道的事情。我听说，立太子的原则有三条：德行相同时就根据年龄长幼来决定；年龄相同时就根据国君的喜爱程度来决定；喜爱程度也相同时就根据卜筮的结果来决定。你不必为我们父子的关系费心，我要通过这次出征来观察太子的能力。”看到晋献公一脸的不高兴，里克无奈地退下了。出来后，遇到太子。太子问：“父君赐给我龙服和金玦，这是何意？”里克回答道：“你害怕了吗？国君让你穿龙服、握金玦，是让你不要随便出战，说明对你不薄。你有什么可害怕的！做儿子的，只怕不能尽孝，不怕不能继位。况且我听说‘恭敬胜于请求’，你还是努力孝敬国君吧。”

虽然最终太子依然出征了，并因得胜而归越发被晋献公疏远、排斥，但骊姬仍觉得这个被有识之士称赞为“善于处理父子之间关系”的里克，是自己计划得以实现的障碍，深怕他会弥合了自己费尽心机破坏的献公与太子之间的关系。她将顾虑告诉了与自己私通的优施，一个晋献公喜爱的优伶。

这个优施在宫中多年，了解里克的性格，知道他为人虽有才能和正义感，但性格懦弱、行事犹疑。优施胸有成竹地向骊姬承诺“一天就能使他就范”。于是在请里克喝酒时，借着自己的歌舞向里克传达了国君已经答应骊姬杀掉太子改立奚齐的讯息。果然，里克的心乱了，他既怕触怒国君的心意，又不忍伤害太子的性命，更怕自己成为送死的“炮灰”，前思后想觉得最明智的办法就是中立自保。

当里克将自己的“明智之举”告诉大夫丕郑时，丕郑叹息道：“真可惜啊！不如说不相信有这回事而使他们心灰意冷，这样就能加强太子的地位而分化他们的党羽。应该多想些办法迫使他们改变计划，他们的计划被拖延下来，就可以找机会离间他们了。现在你说保持中立，就坚定了他们的想法，越发纵容了他们的阴谋，他们决心已定就不容易被离间了。”

尽管心知丕郑的话有道理，但是里克仍觉得明哲保身是此时最佳的选择。他对丕郑说：“我说过的话已无可挽回，况且骊姬的心思肆无忌惮，十分顽固，又怎么能挫败他们呢！不知你将如何对付？”丕郑回答：“我没有一定的主意。我是侍奉国君的人，以国君的意见为我的意见，决定权不在我手里。”里克说：“把弑君救太子看作是正义，夸大这种正义会产生骄傲的心理，凭这种骄傲之心去裁决人家父子之间的关系，我不敢这么做。但是违心地顺从国君，废了太子而给自己谋私利，或者只顾自己得到好处而成全奚齐，我也做不到。我只有隐退了！”第二天，他便称病不再上朝。

晋献公的默许、优施的协助、里克的中立，给了骊姬阴谋实现的机会。一个月后，骊姬策划的宫廷政变就发生了。步步为营的她终于如愿以偿地逼死了忠厚善良的太子申生，驱逐了公子重耳、夷吾，使晋献公立其子奚齐为君位继承人。当史苏的预言真的发生时，丕郑当日的话和自己中立的后果，令里克的心里除了惭愧不安、无可奈何外，还有愤愤不平。

四年后，晋献公病逝，对骊姬的行为深恶痛绝的里克、丕郑发动了政变，推翻了奚齐的政权，骊姬和奚齐被杀，辅政的荀息自杀。里克欲迎立公子重耳为君，被仁德的重耳辞谢了。于是，公子夷吾趁机取得秦国的支持而回国继位，成为晋惠公。然而，这并没有使里克摆脱中立的恶果。晋惠公继承君位后，背弃了许给国内外帮助过他的人好处的诺言。失信于秦，惠公派人致歉；失信于里克，惠公取其性命。惠公杀里克时说：“你杀了两个国君和一个大夫，做你的国君，不是太难了吗？”

这就是里克的悲剧故事。他没有荀息那样的忠诚，也没有丕郑那样的心计。他心怀正义却又畏首畏尾，连弑二君后却又迎立了自己本不想立的国君，如此纠结的里克，反而失去更多。自作聪明求自保，到头来身名俱灭。

董叔

—— 攀龙附凤陷窘境

这是一个和婚姻有关的故事，一个记载在史书中的真实故事。在你听厌了娱乐节目中的择偶标准后，不妨看看这个妙趣横生的小故事。故事的主人公董叔，是春秋时期晋国的大夫。他在历史上没留下什么丰功伟绩，倒是留下了这桩因攀龙附凤而自取其辱的笑谈。

人逢喜事精神爽，董叔喜气洋洋地准备结婚了，他将要娶的女子非比寻常，虽然可能达不到今天所谓的“白富美”标准，但是绝对是家财万贯、门庭显赫。此女来自晋国六卿之一的范氏，是范宣子的女儿、范献子的妹妹范祁。晋国六卿指的是在晋国出现的范氏、中行氏、智氏、韩氏、赵氏、魏氏六个世袭卿族。六卿共主国政，专擅晋权。范宣子和范献子又曾先后担任正卿。正卿是晋国最高军政长官、执政大臣兼军事最高指挥官、上卿兼执政卿，权力仅次于国君。姑且不论此女是否皮肤白皙、容貌秀丽，这样的身世背景就足以令人“目眩神迷”了。显然，董叔就是被“迷倒”的一位。

那时候，还没有无所不在的网络散播消息，但就靠大家的口耳相传，这桩喜事也尽人皆知了。一时间，各种议论沸沸扬扬，有羡慕嫉妒恨的，也有不以为然摇头叹息的。大夫叔向就属于后者，他诚恳地劝阻董叔说："范氏家富有，我看这门亲事最好还是算了吧！"董叔一听，心里既诧异又不高兴，觉得叔向不是嫉妒自己，就是开自己玩笑。这个叔向说话总喜欢故弄玄虚，估计又在故意正话反说了，便回答说："您别开我玩笑了，我正想借着婚姻的关系来攀富结贵依附范氏家族呢。"叔向轻叹了一声，没再多说什么。

不久，范祁变成了董祁，因为她成了董叔的妻子。董叔如愿以偿地攀附上了权贵。心想事成的董叔颇为自得，暗暗地想：如今我成了范氏家族的姻亲，有了这层关系，范氏定会对我多加提携，朝中大臣们对我亦应青眼相看、礼让几分。人在得意时或许总难免有些不自觉地忘形，只看到一片光明前景，却忘了居安思危。董叔只想着背景显赫的妻子将会给自己带来的种种荣耀和好处，却没想到自己还将为"攀高枝儿"付出代价。

两个陌生人，在不同的生活环境中成长起来，有着不同的生活习惯、不同的脾气秉性。两情正浓时，一切不完美都被忽略不计了，但当相恋时的光环渐渐淡去，曾经隐藏的小矛盾便慢慢地显露出来，相处时的种种摩擦让人措手不及、感慨万千。成熟理智的有情人可能会选择在迁就和宽容中让爱情历久弥坚；骄纵任性的有情人可能会选择在挑剔和指责中使爱情千疮百孔；颓废悲观的有情人可能会选择在冷漠和消极中令爱情随风而去。

在记事简约的史书中，我们无法得知牵了手的董叔和范祁是否真心相爱，但却可以看出他们的婚姻生活并不像董叔想的那样美好而简单。或许来自豪门的范祁一向娇纵任性，或许心存野心的董叔一向大男子主义，婚姻中的两个人并没有"从此过着快乐幸福的日子"。婚后的某一天，心情沮丧的范祁向哥哥范献子"诉苦"说："董叔他不尊敬我。"

范献子见自己的宝贝妹妹受了委屈，很是愤怒，这个大胆无礼的董叔竟然不把我范氏之娇女放在眼里！这是公然冒犯我范氏的权威啊！于是，范献子就命人把董叔抓来，将他绑缚在院子里的槐树上。可叹一心攀富结贵的董叔竟落到如此尴尬的境地。事情也凑巧，恰好当初劝董叔不要结亲的叔向经过庭院，董叔赶紧央求叔向：“您何不替我去求求情呢？”叔向看着既可怜又可笑的董叔说：“你想谋求联系，这不已经‘系’上了吗？想求攀缘，这不已经‘绑’起来了吗？你想得到的都已经得到了，还要说什么情呢？”叔向这双关之语，幽默风趣中暗含着讽刺嘲笑，令人忍俊不禁的同时更加鄙薄董叔的贪婪和野心。

不听叔向善意劝告的董叔，一心想通过联姻得到好处，可婚后竟因老婆“告状”而被有权有势的大舅子给绑到了树上丢人现眼，这就是事与愿违吧？婚姻只是婚姻，它并不能真的改变什么。攀附了权贵、嫁入了豪门，并不意味着你就拥有了豪门显贵的名利，反倒是意味着你失去了一些东西，比如尊严、比如自由，那是为贪婪和野心而付出的代价。

看完了董叔的故事，你可以一笑而过，但面对自己的人生、自己的婚姻，怎可一笑置之？用真心和坦诚涤荡去名利的浮尘，守候今生的挚爱，纵使那人不是白富美、高富帅；用理解和宽容支撑起婚姻的殿堂，风雨同舟相伴到老，纵使忙碌奔波、平平常常。当时间荒芜了青春，有一双熟悉而苍老的手，握着你的手不离不弃，那份坚定、那份温暖，千金难买、名利难换，这便是平凡你我的幸福人生吧？

骊姬

—— 多情美人无情心

骊姬，一个春秋历史上闻名的蛇蝎美人。美人，似乎有一种牵动人心的力量，轻轻地袭来，令人不由得怦然心动。美人中有端庄良善者，如圣洁的观音，使人望之心安；亦有妖媚恶毒者，如邪魅的妖女，使人思之忐忑。同为美人，风姿迥异，哪一种更让人念念不忘呢？

其实，古人已给了我们答案。沉鱼落雁、闭月羞花的古代四大美人，谁人不知她们的芳名呢？沉鱼之貌的西施、落雁之貌的王昭君、闭月之貌的貂蝉、羞花之貌的杨玉环。四位美人虽命运各异，但除了和亲出塞的昭君，多多少少都有些红颜祸水的意味。难道美丽的坏女人更令人垂青？难道工于心计的美人更具魅力？

是或不是，或许只有身在其中的人自己最明了，我们在局外看到的不过是别人的悲喜、历史的是非。每每看到史书中那些在政治旋涡中浮沉的美人，慨叹其心狠手辣之余，不知为何，心底总有一丝怜惜，那样的风姿容貌，为何会有颗冷酷无情的心呢？骊姬便是这样一个可恨又可怜的美人。

公元前672年，晋国国君晋献公的金戈铁马踏破了骊姬的国家——骊戎国。晋献公征服了这个国家，杀掉了国君骊子，俘获了骊子两个美丽的女儿。骊姬和她的妹妹就这样从公主变为俘虏。国破家亡的骊姬来不及抚平心中的伤痛，就成了仇人的宠妃。或许是晋献公着迷于骊姬的异国风情，或许是骊姬无可奈何地曲意承欢，晋献公对骊姬十分宠爱，并不顾大臣的反对将她立为夫人。晋献公对骊姬的宠爱，大臣们都看在眼中。一次晋献公打猎时，看见翟柤国上空弥漫着凶气，回来后睡不好觉。大夫郤叔虎上朝时，晋献公告诉他这件事。郤叔虎心里知道这是因为晋献公为伐翟柤国而心存忧虑，但他并未说破，而是问："是因为床铺不安稳舒适呢，还是因为骊姬不在身旁？"以此巧妙地转移献公的注意力、安抚献公的焦虑。虽然晋献公对此不置一词，但沉默正暗示着他对骊姬的宠爱。

从战利品一跃而成为君夫人的骊姬已深知宠爱的力量。原来自己并非一无所有，美丽就是她出奇制胜的利器。尽管骊姬已为这个对她万般宠爱的杀父仇人生了一个儿子，但这并不能消解她心中的恨意。无辜稚子和万千宠爱成为她复仇的砝码，她要利用晋献公对自己的宠爱使自己的儿子成为太子。然而，这个备受宠爱的敌国女子，早已成为大臣们心中的祸乱之源。谁能帮助她呢？依然是臣服于她美貌的男人，像晋献公一样拜倒在她石榴裙下的男人。伶人优施攀缘着骊姬的裙带粉墨登场了。优施是为晋献公乐舞逗趣的艺人，职业的便利条件使他有了亲近美人的机会。骊姬心生恶念却无计可施，她唯一的智囊便是这个与自己私通的优伶。

当优施听到骊姬用那一向温柔的声音问道："我想办件大事，就是向三位公子发难，可我该怎么做呢？"优施竟有种如释重负的喜悦，他知道眼前这个沉静如水的女子，心里一直波涛汹涌，她的恨意是绵里的针，总有一天会刺破表面的释然。但也正因为这样，自己的存在才对她有意义。优施握住骊姬的手，温和细致地给骊姬制定了作战方案：买通官员，让他们在晋献公面前造舆论、进谗言；将太子和两位公子排挤到边远之地。翩翩的舞者、如花的美人，酝酿出险恶的阴谋。

从此，红颜成为祸水。骊姬买通了晋献公宠信的两位大夫梁五和东关五，让他们向献公进言说："曲沃，是君王宗庙所在之地；蒲地和南北二屈，是国家的边疆要地，现在却没有人主管。宗庙所在地没有人主管，百姓就不会畏惧；边疆要地没有人主管，就会引发戎狄的侵略野心。戎狄产生野心，百姓轻慢朝廷，这是国家的大患啊！如果让太子申生去主管曲沃的宗庙，让公子重耳和夷吾去主管蒲地和南北二屈，就可以镇服百姓并使戎狄畏惧，而且也彰显了君王您的远见和功绩。"晋献公不知是计，反而觉得很有道理，就让他那三个出色的儿子分别主管这几处地方。

面对前来"分享"胜利成果的"二五"，骊姬浅浅一笑，指使他们乘胜追击，两人便又对晋献公说："戎狄有广阔土地，让它成为晋国的下邑，开拓我们晋国的疆土，不也是一件很好的事吗？"晋献公一向热衷于开疆拓土，听了这很高兴，欣然下令在曲沃筑城，让太子申生住在那里；在蒲地筑城，让公子重耳住在那里；在南北二屈筑城，让公子夷吾住在那里。骊姬如愿以偿地将三位公子逐出了国都，下一步就该自己上场了。

按照优施的教导，骊姬选在夜深人静时分上演了这幕重头戏。朦胧夜色下的骊姬更添几分楚楚动人，何况此时此刻美人正梨花带雨，怎能不令晋献公万分怜爱？骊姬哭泣着对献公说："我听说申生为人才德兼备、对百姓宽厚仁爱都是别有用心的举动。如今他又认为国君您被我迷惑，一定会因此而乱国。我害怕他会以国家利益为借口对您使用武力。您现在仍是一国之君，准备怎么应付他呢？既然是因我而起，您何不杀了我？不要为了我损害您的威仪，不要为了我让百姓遭受动乱。"

晋献公怜惜地将骊姬拥在怀中说："我明白你的忧虑，但申生他难道会爱百姓而不爱他的父亲吗？”一见这招以退为进的效果不够明显，骊姬一双泪眼深深凝视着献公说：“我也正害怕这个啊。我听别人说，施行仁义和效忠国家不一样。施行仁义的人，把爱自己的亲人称作仁；而效忠国家的人，把安定社稷称作仁。所以百姓的领袖没有私亲，而以百姓为亲。倘若他认为对百姓有利而且能巩固自己的地位，还会怕弑君吗？为了百姓的缘故而不爱私亲，大家会更加拥戴他，他开始虽有弑君的恶声，可是最终能得到忠于国家的美名，用后来的善行掩盖掉前面的罪恶。百姓总是追求利的，杀了国君而让百姓得到厚利，百姓还会反对他吗？杀了父亲但没有施恶于他人，民众有谁还会背弃他呢？如果大家都得利而受宠，他的志向实现了使大家高兴，大家会更拥戴他，谁能不被他所迷惑？您想不担心这类事的发生，能办到吗？等到大祸临头时才忧虑，就来不及了！”

这次骊姬的话可狠狠戳中了晋献公的隐痛。晋献公不仅承担着为人父的角色，还是一位老去的一国之君。如今曾经的辉煌不再光芒万丈，而失去权力的恐惧却常常如影随形。才能出众的太子，何尝不是最大的“敌人”？献公害怕地问：“那怎么办才好呢？”骊姬心中暗喜，知道自己的离间计成功了，脸上却仍是担忧之色，迟疑着说：“您何不称老退位而把国政交给申生。申生掌握了国政，按自己心愿行事，得到了他追求的东西，应该就会放过您了吧。您好好考虑一下。”

深怕失去大权的献公自然反对：“不能把国政交出去。我凭着武功和威势，才得以驾驭诸侯。没死就丢失国政，不能算有武功；连儿子也制伏不了，不能算有威势。我把国政交给他，诸侯必定会和我们断绝关系；断绝关系后，必定会加害于我们。丢失国政而且害了国家，这是不能容忍的。你不必担心，我会有办法对付他的。”

骊姬见时机成熟，便说：“皋落狄不分早晚地侵扰我国的边境，使那里的边民没有一天可以到田野放牧牛羊。国君的仓库本来就不充实，又担心外族削减我国的疆土。您何不派申生去讨伐狄国，如果他不能战胜狄国，那就自然构成罪名，可以加罪于他；如果战胜了狄国，那就说明他很会使用民众，他所要求的会更多，我们就更要想办法对付他。况且战胜狄国，诸侯将会吃惊害怕，我们的边境将不必戒备，国库充实，四邻畏服，疆界不会有争议，您得到了这些利益，又可以确定该如何去对付申生，好处太多了。您何不谋划一下？”这一举两得的计策，献公听了很高兴，于是便派申生讨伐东山的狄人。当申生战胜了狄国回来后，对他的谗言从宫中开始散布。

在优施的协助和教导下，骊姬快速“成熟”起来，收买的手段、进谗的技巧、陷害的方法，这些成就蛇蝎美人的必杀技，她早已驾轻就熟。一天，骊姬用国君的名义命令申生说：“昨晚国君梦见你母亲齐姜了，你必须尽快去祭祀她，然后把祭祀的酒肉送来。”申生照办了，去曲沃的祖庙祭祀，回来后把祭祀的酒肉送到宫中。献公正外出打猎，骊姬收下祭品后，暗地里把毒药放入酒肉中。献公回来后，申生献上酒肉。献公把酒洒在地上祭地，地面马上鼓了起来。申生惊恐地跑出去。骊姬用肉喂狗，狗死了；近侍喝了那酒，也死了。骊姬的伎俩抹杀了晋献公最后的不舍之意。献公下令杀死申生的师傅杜原款，申生逃到曲沃后自杀而死。

步步为营的她终于如愿以偿地逼死了忠厚善良的太子申生，驱逐了公子重耳、夷吾，使晋献公立其子奚齐为君位继承人。

然而，仇恨从来都是一把双刃剑，害人害己。献公病逝后，大臣里克及其同僚并不承认奚齐政权的合法性，骊姬和奚齐被杀。因宠爱而恣意盛开的花朵，失去了凭依，难逃零落成泥的凄凉。所有爱恨情仇、所有诡计阴谋、所有纷乱争夺，沉淀成斑驳的旧事，沉淀成历史的教训，沉淀成轻轻的叹息……

勃鞮

——坦坦荡荡真小人

如果一个人一而再、再而三地谋害你，而你自认为是个好人、公认是个贤人，那么你会如何看待那个迫害你的人？

答案似乎是显而易见的，陷害贤人的，自然是“小人”了。寺人勃鞮就是这样一个迫害起贤公子重耳来毫不迟疑的“小人”。

寺人勃鞮，又称寺人披，字伯楚。寺人是宫廷中的近侍，即后世的宦官。这是一个别具一格的小人。寺人勃鞮对自己的小人行径不但毫无愧意，而且认为理所当然。

为何能做小人做得如此心安理得呢？因为他对重耳的几次谋害，都是奉命行事。既是君王身边的近侍，总要执行一些重要而特殊的任务。杀掉重耳就是勃鞮的任务，晋献公、晋惠公都曾派他去除去这个“肉中刺”。

最初，接到命令的勃鞮心中也有震惊和同情，公子重耳以贤德闻名于世，其父晋献公却听信骊姬谗言，对自己优秀的儿子痛下杀手。但是勃鞮并没有像鉏麑那样陷入左右为难的境地，更没有为忠义两全而舍生忘死，勃鞮对如何取舍忠诚与道义有着明确而坚定的立场。在勃鞮心中忠于君命就是自己做臣子的职责，哪怕君命有违道义情理，也要执行到底；哪怕执行君命会使自己背负骂名，也毫不动摇。

正因如此，当晋献公派寺人勃鞮到蒲城去行刺公子重耳时，勃鞮以秋风扫落叶般的无情对其施以打击。重耳跳墙逃走，被勃鞮砍断了衣袖。

这一刀，不仅砍在重耳的衣上，也砍在他的心上。

重耳返国即位后，勃鞮前来求见，晋文公一听勃鞮的名字，想起过往种种，不由得怒火冲天，拒绝接见他，说："以前骊姬进谗言陷害我的时候，你在屏门内用箭射我，还到蒲城追杀我，一刀砍断了我的衣袖。后来又接受惠公的命令跟踪我到渭水岸边要杀我，惠公命令你三天到达，可是你隔一夜就来了。你两次受献公、惠公的命令，想要除掉我。我屡次遭到你的逼迫，我和你又有什么旧怨呢，你非要对我赶尽杀绝？你回去好好想想，改日再来见我吧。"

晋文公的严词谴责并没有使勃鞮深感惭愧、落荒而逃，反而格外镇定地回答道："我以为君主您已经懂得了君臣之道，所以才能返回晋国来，哪知您到现在还是不懂，那岂不是又将要逃亡国外了？"

勃鞮的态度令晋文公深感意外，勃鞮他几次三番谋害自己，此刻自己没有杀他报仇，应算是他的幸运了，没承想他还敢振振有词教训自己。

勃鞮看着面色铁青的文公继续说道："侍奉君主忠心不贰，才是人臣；不因私人好恶而改变态度，才算君主。君要像君，臣要像臣，这是历来明确的教诲。能始终守住这一教诲，才可成为百姓的君主。在献公、惠公时期，您只是普通的蒲人和狄人，跟我有什么关系呢？您对我又有什么恩义呢？而君主是我侍奉的人，奉命铲除国君所痛恨的人，尽全力去完成，怎么能有异心呢？齐国的管仲射伤过齐桓公，最终使桓公称霸于诸侯。在乾时战役中，管仲用申孙之箭射中了桓公的衣带钩，衣带钩比衣袖口更接近要害，而桓公却没有怨言，任管仲为国相，一直到死，所以能成就美名。如今您的气度，为什么不能像齐桓公那样宽大呢？憎恶您应该喜爱的忠臣，您的君位还能保持长久吗？我不过是一个有罪的人，又有什么可担心的呢？您不接见我的话，难道就不会后悔吗？”

文公不悦的神色渐渐缓和，勃鞮的话使他陷入思索中，不得不承认这个可恨的勃鞮不仅言辞犀利，而且颇有见地。

的确，身为一国之君，当从维护国家、百姓利益的角度出发来处理事情，而不能以个人好恶恩怨来解决问题。勃鞮的当头棒喝，令文公幡然醒悟，这个人虽屡次对自己不利，但却一直忠于君主，不曾损害过国家利益。现在自己已是君主，他又怎会危害自己？他冒险而来，定是有重大之事。

想到这里，文公马上出来接见了勃鞮，说：“难道不是像你所说的那样吗？确实是我心怀怨恨不能宽恕，我愿意从此改过。”

那个时候，吕甥、冀芮害怕文公问罪于他们，后悔当初接纳文公回国，打算阴谋作乱，想在己丑那天焚烧文公的宫殿，趁文公出来救火时杀害他。

勃鞮知道了这一阴谋，因此特来求见晋文公。晋文公的“改过”，不只是给了勃鞮追随君主的机会，而且也给了自己顺利脱险的机会。勃鞮把吕甥、冀芮的阴谋告诉文公。文公暗自庆幸后，乘着驿车从小道潜逃到王城会见了秦穆公，告诉了穆公吕、冀作乱的阴谋。

等到己丑那天，文公的宫殿果然起火，吕甥、冀芮两人却没有捉到文公，于是追到黄河边上，秦穆公设计把他们诱骗去杀掉了。

就这样，曾经屡次谋害重耳的仇人勃鞮，如今成了救文公性命的恩人勃鞮。

可是喜剧的收场，并不能摘去勃鞮“小人”的帽子。说他是“小人”似乎委屈了他，对君主的忠贞不贰、对事情的独到见解，使他与见利忘义、卑鄙无耻的小人有所不同。但他无限的忠诚中带着不辨是非的盲目，他义无反顾地维护的不是正义和真理，而是君王的意志。正是这份盲目的坚定使他不可能被视为“忠臣”或“君子”，而只能是个坦坦荡荡的真小人。

七

女性之语

荀林父纵属亡师（据明末刊本《东周列国志》插图）

敬姜

——知礼守制善教化

先秦典籍中留给女性的笔墨实在不多，女性如同一现的昙花，留下的不过是淡淡的香气、隐约的丰姿，而《国语·鲁语》却是一个例外，两卷《鲁语》中所占篇幅最多的竟是一个女子——敬姜。这个女子有何独特之处，令史家对她青眼有加，令鲁国正卿对她毕恭毕敬，令圣人孔子对她赞许不已？

敬姜，鲁国大夫公父文伯之母，一个年华老去的贵族妇女能获得这样与众不同的礼遇，是因为她有戒惰以勤的品格和知礼守制的言行。从她与鲁国执政者季康子的交谈中，从她对儿子公父文伯的教育中，从她对礼制的自觉遵守中，我们都能看到一个崇德尚礼、见识非凡的女性形象。

季康子虽贵为一国执政者，但他对敬姜一向敬重，经常向这位有见识的叔祖母请教。一次，他对公父文伯的母亲敬姜说："您老有什么话可以告诫我吗？"敬姜谦虚地回答说："我不过年老些而已，能有什么可以告诫你的呢？"季康子诚恳地说："就算这样，我还是愿意听到您的教诲。"孺子可教，敬姜语重心长地回答说："我从已故的婆婆处听说过：'君子能勤劳做事，他的子孙就会兴旺发达。'"敬姜巧妙地告诫季康子为官者应贵而不骄、勤于政事，才能后继有人的道理。后来，子夏听说后说：“讲得真好啊！我听说过：‘古时候女子出嫁到丈夫家，而公婆已故世的，叫作不幸。’为人妇，是应该向公婆学习的。”

又一次，公父文伯的母亲去季氏家，季康子正在厅堂上处理政事，看见敬姜，便恭敬地与她打招呼，敬姜却仿佛没听见似的，不应声就走了过去。季康子心中诧异，便一直跟到居室的门外，敬姜还是不应声就进去了。季康子心生忐忑，于是放下职事，离开厅堂，进入居室见文伯的母亲，说：“我没听到您的教诲，是不是哪里做得不好得罪了您？”敬姜这回终于说话了：“你没有听说过吗？天子与诸侯在外朝处理民众的事务，在内朝处理祭祀神灵的事务；卿以下的官员，在外朝处理本职工作，在内朝处理家族内的事情；至于寝门以内，是家属居住的地方，则由妇女操持安排。君臣上下都是这同一个规矩。外朝，是你侍奉国君完成职事的；内朝，你要在那儿处理家族的事情，所以这都不是我所敢与你说话的地方啊。”季康子悄悄放下一颗紧张着的心：原来如此，叔祖母真是个知书达理而又严守礼法的长辈啊！看来自己以后一定要谨言慎行、切勿大意失礼。

对待位高权重的鲁国正卿，敬姜尚且如此，对自己的儿子公父文伯就更加严格了。公父文伯在宴请大夫南宫敬叔的酒席上，尊大夫露睹父为上宾。按照周礼规定，众人饮酒时，尊一人为上宾，这个人应特别受尊重。美味佳肴一道道端上来，在进鳖这道菜时，进献给露睹父的鳖小了些，露睹父很生气，自己既被尊为上宾，理应比别人更受礼遇，可这鳖反倒还不如一般客人的大呢，这不是羞辱自己吗？大家吃鳖的时候，露睹父退席告辞说：“等鳖长大以后我再来吃吧。”于是中途离席而去。文伯的母亲敬姜听说此事后，生气地对儿子说：“我听故世的公公说过：‘祭祀时要让代死者受祭的人吃得好，宴请时要让上宾吃得好。’你进鳖这道菜时用的什么礼节，使得上宾生气呢？”愤怒的敬姜为此把公父文伯从家里撵了出去。过了五天，鲁国的大夫们前来说情，才同意让公父文伯回家。

这一道菜引起的风波，在我们看来可能有些匪夷所思，但这恰恰体现出敬姜对礼乐制度的尊崇。也许，你对敬姜教育儿子的方式感到有些难以理解，但当你看到下面这段故事时，你会不由自主地对公父文伯之母心生敬意。一天，公父文伯退朝回到家，向母亲请安，母亲敬姜正在纺麻。公父文伯皱着眉头说：“像我们这样的家庭，您还要纺麻，恐怕会惹季康子不满，他会以为我公父文伯不能好好侍奉母亲呢！”

面对儿子不满的谴责，他的母亲叹息道：“鲁国大概要灭亡了！让你这样不懂事的孩子在朝廷做官，却没有把做官的道理告诉过你吗？你坐下,让我来告诉你。过去圣王治理百姓，总是挑选贫瘠的土地来安置他们，使百姓辛勤劳动，把土地耕种好，所以能长久地统治天下。百姓勤劳就会想到节俭，想到节俭就会产生善良的心；百姓安逸则会放荡，放荡就会忘记善良，忘记善良就会产生坏心。生活在肥沃土地上的百姓不能成才，就是因为太安逸了；生活在贫瘠土地上的百姓无不向往仁义，这是勤劳的缘故。”母亲的话，文伯并不太在意，百姓春耕秋收理应忙碌啊！

敬姜继续讲述了从天子到各级官员都应如何辛勤从政，文伯的神色不似刚刚那样不以为然了，但心中仍有困惑：尽管从天子、诸侯，到卿大夫、士人，都和平民百姓一样得从早忙到晚，但是身为贵妇的老母亲还是没有必要自己吃苦受累啊！

正想着，就听母亲说道：“王后要亲自编织王冠两旁悬挂玉瑱的黑色丝绳，公侯的夫人除此之外还要再加上编织系王冠的带子，卿的妻子要亲自编织束身用的黑色腰带，大夫的妻子要亲自做祭祀用的礼服，列士的妻子除此之外还要给丈夫做朝服，自下士以下的妻子都要给丈夫做衣服穿。春祭时要分配农桑的事务，冬祭时要献上收获的果实，男女都各尽其力，有了差错就要治罪，这是自古以来的制度。君子劳心，小民劳力，这是先王的训诫。从上到下，谁敢使自己放纵而不尽力劳作？如今我是个寡妇，你也只是个大夫，从早到晚兢兢业业地工作，还生怕败坏了祖先的功业呢。如果心存怠惰之念，怎么能躲避罪责呢？我希望你每天早晚都提醒我说：'一定不要毁败先人的业绩。'可你刚才却说：'为什么不自求安逸？'用这样怠惰的态度来担任国君赋予你的官职，我真担心你父亲穆伯要断绝后代啊！"公父文伯之母身体力行地为儿子阐释了戒惰以勤的道理，孔子听到敬姜这番话，忍不住称赞说："季氏家的妇人真可算是一个不贪图安逸的人了，你们要牢记她的话啊。"

慢慢看过了这一个个故事，敬姜的名字已不知不觉地印在我们心中，仿似看到那勤劳的老妇正在静静地纺着麻，慈爱而严谨的她将对礼制的尊崇、对后人的教育借着那粗糙的麻线传递到我们心间。正是这份不动声色的坚定，令史家为她不惜笔墨、令权臣对她十分敬重、令圣人对她赞誉有加。

叔向母

—— 相面闻声知祸福

叔向母，即叔向之母。史册中没有留下她的名字，却记载了这位母亲与众不同的举止言行。母亲，孩子最坚定的守护者，一个读来都带着暖意的称谓。然而，叔向母却似乎是个例外，她目光敏锐，有远见卓识，是位不同凡响的母亲，但她那预言祸福的话语，令人警醒的同时亦令人心生寒意。

叔向母的特别在于她打破了母亲温柔慈爱的形象，她更像一位理智冷静的预言家。她善于通过观人相貌、闻人声音，判断其祸福生死。如果她预言的是不相干的人，而不是她刚刚出生的幼子，也不是她刚刚来到世上的孙子，可能在佩服她预言准确的同时就不会让人觉得她理智得不近人情。

叔鱼，叔向同母的弟弟。他生下来时，他的母亲静静看着小小的他，那样仔细、那样冷静，目光中没有温柔的怜惜，反倒有一丝厌恶的疏离。一番审视之后，叔向母说："这孩子虎眼猪嘴，鹰肩牛腹。溪壑尚有盈满的时候，可他的欲望却没个满足，他将来会为贪财受贿而死。"于是便不亲自养育叔鱼。

据《国语》记载，这个没有母亲疼爱的叔鱼长大后真如其母所说的那样贪婪。一次，晋国主管刑罚的官员士景伯去楚国聘问，叔鱼代他审理案件。审理邢侯与雍子争夺田地一案时，雍子为了求得诉讼的胜利，把自己的女儿嫁给了叔鱼。等到判决的那天，接受了贿赂的叔鱼便徇私枉法，判邢侯败诉。邢侯不服判决，怒气难平的邢侯在朝廷上杀死了叔鱼和雍子。叔鱼这个一出生就被自己的母亲预言不得善终的人，果真为财而死。只是不知道这样的结局会不会令叔向母心生悲戚呢？或许在一声无奈叹息之后，心里尚觉安慰吧。因为这位知天命的母亲不仅有一个贪赃枉法的坏儿子，还有一个大义灭亲、疾恶如仇的好儿子——叔向。

当韩宣子为这件事深感忧虑时，叔向建议道："三个奸人罪状相同，请杀了活着的人，把死了的陈尸示众。"韩宣子不由得问："为什么要这样做呢？"叔向义正词严地回答说："叔鱼贪赃枉法，雍子用女儿收买法官，邢侯不是法官而干预刑罚。以非法手段出卖国家的法律，抛弃亲生女儿来换得胜诉，不是法官而擅自杀人，三个人的罪过是一样重的，谁都不应逃过惩罚。"邢侯听到这个消息后，赶紧逃跑了。于是韩宣子就处罚了邢侯家属，并把叔鱼和雍子的尸体陈列在市场上示众。

这就是叔鱼可悲的下场，不得不说他是罪有应得，但仍忍不住心怀感伤，不是为了他的死于非命，只是心疼那个一出生就被放弃了的孩子。纵使历史证明了叔向母的先见之明，但为人母者怎能如此轻易地放弃自己的孩子？怎能漠然地看着那孩子一步步走向万劫不复？或许因为她是个深信天命的古人吧。转念间，想到对孩子无比疼爱的我们，固然不会像叔向母那般听天由命地舍弃自己的孩子，但若一味盲目地付出与宠爱，被剥夺了自我成长机会的孩子不是一样会偏离正确的人生方向？独生子女一旦变成了唯我独尊的孩子，岂不是和叔向母一样未能尽到为人父母之责任？甚至还不及叔向母，毕竟她理智而冷静。

当叔向母的小孙子、叔向的儿子杨食我出生的时候，她又一次展现了她的理智与冷静，断言了这个小生命的不祥。小孙子诞生了，叔向的母亲闻讯前往看望，刚走到堂前，听到了婴儿的哭声，叔向母止住了前进的脚步，仔细听了听，便转身就往回走，随从的人深感奇怪，问起因由，叔向母说："这哭声像是豺狼的叫声，最终使羊舌氏一族灭亡的，一定是这个孩子。"多么特别的奶奶，换作其他人可能只顾着兴冲冲地去看小孙子，哪里还顾得上分辨婴儿的哭声？可叔向母只闻其声，便断了相见的念头。在众人诧异而震惊的目光中，叔向母头也不回地离去了。在别人看不到的心里，或许有对家族命运的深深忧虑、或许有后继无人的深切悲哀，但人们看到的只是那无情的背影，听到的只是不可思议的预言。

其实，叔向母的不近人情是有原因的。《左传》中的相关记载，或许能为我们解惑一二。叔向母当初就反对叔向娶杨食我的生母。叔向想要娶申公巫臣的女儿为妻，那是一个极为美丽的女人。他的母亲却希望叔向娶她的亲族。叔向委婉地拒绝了。

叔向母很不以为然："巫臣的妻子杀死三个丈夫，一个国君，一个儿子，灭亡一个国家，使两个卿逃亡了，我听说，过分的美丽必然有过分的丑恶。那个女人是郑穆公少妃姚子的女儿、子貉的妹妹，子貉早死，没有后代，而上天把美丽聚集在她身上，必然是要通过她来大大地败坏别人。从前有仍氏生了一个女儿，头发又密又黑，非常美丽，光彩照人，命名为'玄妻'。乐官之长后夔娶了她，生下伯封，心地和猪一样，贪婪没有个满足，暴躁乖戾没有限度，人们叫他封豕。有穷后羿灭了他，夔因此而不能得到祭祀。而且夏、商、周三代的灭亡，公子申生的被废，都是由于美色为害。你娶她做什么呢？具有特别姿色的女人，足以使人改变性情。如果不是极有道德正义的人娶她，就必然会招致祸患。"

母亲的一番话令叔向心生惧意，放弃了娶巫臣的女儿的想法。然而，晋平公坚持要叔向娶她，君命难违，叔向最终还是娶了巫臣之女，正是这个女子生下了杨食我。叔向母本就认为杨食我之母不祥，如今又听到杨食我的哭声像是豺狼一样，更加确信杨食我将如伯封一样为家族带来灭顶之灾。果然，杨食我后被晋顷公所杀。杨食我为祁盈的党羽，而且帮助祁氏作乱，所以招致杀身之祸，羊舌氏也因此被灭了。

这就是叔向母的故事，慢慢读来，有不解、有佩服、有慨叹、有感伤。处在那样的时代、有那样的见识，却仅仅只有发言权。一个看似寡情寡义的女人，清醒地看着悲剧一幕幕上演，她有心改变却无力挽救，这也许就是她言行另类的原因，这也许就是她心中不可言说的痛吧。冷漠言行掩盖的是一颗敏感而脆弱的心，预知祸福不过是徒增烦恼、更添忧伤。这个无情的女人，何尝不是一个不幸而伤心的母亲？丝丝寒意渐渐成了淡淡忧伤……

密康公之母

——深谋远虑责康公

娇儿稚子，母亲怀中的至宝，而对于那小小婴儿来说，母亲便是他的全部世界。母亲面带微笑地看着怀中宝宝的情景，总让人觉得无比温馨。只是对于母亲来说，这相依相偎的温暖，总是渐行渐远。不是母亲的爱淡去，而是那个曾视母亲为整个世界的孩子一日日成长、一天天强大，母亲撑起的天，不再能满足自由飞翔的羽翼；母亲的话，不再是必须听从的金科玉律。

看着孩子长大成人，实在是件甜蜜中沁着感伤的事。当那个已长大的孩子，不再听从自己的建议而走向危险时，母亲的心该是何等的无奈与痛楚啊？密康公之母便是一位预知危险而苦劝孩子的母亲，怎奈那个已是一国之君的孩子却执迷不悟地一意孤行，终致家破国亡。

这世上能让男人贪恋的，除了权势，便是女色了吧？密康公，是西周时期密国国君。虽是一个小小的诸侯国国君，但毕竟是一国之君。既然密康公已拥有了权势，那么让他欲罢不能的便是女色了。这个离开母亲怀抱的男孩，早已成为怀抱女人的男人。作为国君，密康公身边自是不乏花容月貌的女子，但即便这样他依然无法抗拒那三个私奔而来的女子。

密康公的“艳遇”始于一次随意的闲游。天子周恭王到泾水边游玩，密康公跟随陪伴。显然，身份高贵的周天子是主角，诸侯国国君密康公不过是衬托红花的绿叶。可不知为何这原本应该不引人注目的配角却盖过了主角的风头。或许这密康公相貌英俊、身形伟岸，颇具男性魅力吧。史册上虽然没有记载密康公的魅力指数，却清清楚楚记载着“有三女奔之”的事实。这三个女子竟同时看上了密康公，私奔到康公那儿。艳福匪浅的密康公，又是得意又是欢喜。人在得意之时，难免忘形。喜形于色的密康公忽略了周恭王不悦的神色、忘记了自己配角的身份。三个花样的女子迷住了密康公的眼，打动了密康公的心，他决定把她们三人一并娶了。虽然一次娶三个有点招摇，但怎能辜负了美人的心意？

听说有三个同姓的女子私自投奔密康公，密康公的母亲就十分不安，深怕密康公做出错误的决定。知子莫若母，密康公果然对美女毫无抵抗力。密康公母满面忧色地出现在密康公眼前时，康公正在憧憬与三女共同生活的美好前景。看着匆匆前来的母亲，康公吓了一跳，心中浪漫旖旎的幻想与眼前母亲一脸的冷若冰霜，反差强烈，让康公多少清醒了些，转念一想，便知母亲来意，却明知故问：“您有何事？”康公的母亲看着自己的儿子，严肃地说：“你心里知道我为何而来，我也知道你打算做什么。你必须把她们三个献给天子。”

密康公没想到母亲如此迅速地切入主题，眼前的母亲不再是平日里慈爱温和的样子，这表明母亲动怒了，一定是自己这次犯的错很严重，所以母亲才会如此严厉。往日里自己犯了错，母亲会看在自己是一国之君的分上，好言相劝，而不会这样声色俱厉地指责。可是自己不过是纳个妃，虽然纳得稍微多点儿，母亲也不至于如此啊。于是，只是沉默不语，并不答言。

面对身为国君的儿子，密康公母心里暗暗难过，这个孩子虽有国君之尊，却欠缺国君之识，没有远见卓识的他总是不顾及未来的危患，而贪图眼前利益，她长叹一声说道："天子打猎不猎取群兽，诸侯对众人要谦下行事，天子也不敢娶三个同姓的女子为妃嫔。如今三个妖娆多姿的女子私奔到你这里，如此美好的事物都归之于你，你有什么德行来承受呢？天子尚且不能承受，何况你这小人物呢？"

康公虽然不言语，但母亲的话他还是认真听了。母亲言辞恳切的话，的确有道理，但为何非要将我贬低为小人物呢？周天子固然高贵，但这三个美人却舍他取我，自然说明我不是什么"小人物"。而那周恭王既然贵为天子，便应是君子，君子爱成人之美，怎么会和我计较此等小事？母亲这不是庸人自扰吗？

康公母见密康公依然没有同意放弃三个女子，忍不住道："小人物承受了美好的事物，一定会招致祸患的，难道你想因为贪恋美色而导致密国灭亡吗？"但此时小人物密康公眼里心里都是三个女子的美好，如何听得进母亲苦口婆心的劝说？

眼见着沉迷于美色的儿子快乐地走向危机，康公母却无能为力，她只能静静地守护着那个不听话的儿子，暗暗祈求周天子能晚些兴兵讨伐。就这样，娶了三个如花美眷的密康公幸福了一载，日日担忧、愁眉不展的康公母忐忑了一年，周恭王出兵灭了密国。

如果周恭王不来泾水边闲游，如果这三个女子不前来投奔，如果密康公肯听母亲之言，便不会有这个因贪恋女色而亡国的故事，便不会有《列女传》上以"仁智"见称的密康公母。只是密康公母或许更愿自己的儿子能长长久久地当着小国之君，平平安安地做个肯听母言的好儿子。

伯宗妻

——静观默察忧夫难

又是一个无名无姓的智慧女子，像许多女子一样，被称为“某某妻”或“某某母”，丈夫与儿子就是女子的命、女子的依靠，女人的一生就那样理所应当地淹没在相夫教子当中。偶尔，因突出的德行或才识令史家不忍弃之，将其睿智言行载于史册，流芳于世。伯宗妻就是这样一位目光敏锐、有远见卓识的女子。

伯宗妻，即伯宗的妻子。伯宗是春秋时期晋国大夫，以贤德和好直言著称。身为这样一位有德行、有前途的君子之妻，按理说应该是一件令人羡慕的事。然而，伯宗妻却常常面带忧郁之色。不必暗暗推测伯宗冷落佳人，事实上夫妻两人关系和睦，伯宗对这位聪慧的妻子甚为尊重，在重要问题上还会主动征求妻子的意见。有作为的丈夫、有见识的妻子，在衣食无忧的生活里还有什么事值得担忧呢？

正如列夫·托尔斯泰的那句名言：幸福的家庭都是相似的，不幸的家庭各有各的不幸。衣食无忧、夫妻和睦并不意味着拥有圆满的幸福。即便幸福已坚如壁垒，幸福着的人也难免忐忑，担心不幸那不怀好意的逡巡。这就是伯宗妻忧虑的原因，担心不幸会破坏了自己现有的幸福。不幸对每个家庭、每个人来说各有不同，对于伯宗妻来说，不幸恰恰就是丈夫伯宗那为人称道的品德——好直言。《左传·成公十五年》记载：伯宗每朝，其妻必戒之曰：“‘盗憎主人，民恶其上。’子好直言，必及于难。”这段简短的史料，让我们知道了伯宗妻的隐忧。每次伯宗上朝的时候，都是伯宗妻提心吊胆的时刻。看着将要出门去的丈夫，他的妻子总要告诫他说：“‘盗贼憎恨主人，百姓厌恶统治者。’你喜欢直言不讳，一定会遭难。”那令人羡慕的一切，原来也是令人担忧的根源。

一天，伯宗退朝以后，喜气洋洋地回到家中。他的妻子关切地问道：“您今天面露喜色，是什么原因啊？”伯宗高兴地回答道：“今天我在朝中讲话，大夫们都称赞我像阳处父那样机智善辩。”听了这话伯宗妻并没有像伯宗期待的那样喜出望外，反而面带忧虑之色，低头不语。伯宗发现妻子神色不对，不由问道：“你怎么了？大家称赞我，你不为我高兴吗？”伯宗妻看着眼前的丈夫，心里既爱怜又无奈。这是个忠于职守、正直贤能的好男人，是自己心甘情愿托付终身的人，对他有发自内心的疼惜，多希望他能和自己平安相守一生啊！可是，这个男人太真实了，总是将自己的看法和意见直言不讳地说出来，在这个嫉贤妒能的社会环境里，这无异于将自己推入险境，终将身陷危难。虽然自己一再地提醒他，但坦率直言是他的本性，又如何能改变呢？这曾经最令自己欣赏的个性，现在却成了最让自己担心的地方。这是多么无可奈何的事情啊！伯宗听不到妻子心中的叹息，依然用询问的眼神注视着妻子，等待着她的回答。

伯宗妻对丈夫说：“阳子那个人华而不实，善于言谈而无谋略，因此遭到杀身之祸。说您像他又有什么值得高兴的呢？”妻子的话令伯宗脸上的喜色消失无踪了，阳处父难道是自己的前车之鉴？自己也不知不觉地身陷险境了吗？妻子看人看事一向精准，不如请妻子帮帮自己，他说：“我设宴请大夫们一起饮酒，和他们交谈，你不妨听一听。”伯宗妻说：“那好吧。”

于是，伯宗摆酒席宴请宾客，妻子从旁悄悄观察。宴会结束之后，伯宗送走诸位大夫，向妻子询问结果。他的妻子说：“那些大夫们确实都不如您。”妻子的话令伯宗心中既高兴又意外，妻子总是劝自己谨言慎行，难得如此夸赞自己。但他还来不及沾沾自喜，就听妻子继续说道：“可是人们并不愿拥戴才智在自己之上的贤者，这种情况已经持续很久了，而您偏偏让别人觉得您的才华出众，您这不是在躲避灾祸，而是在加速灾祸到来的脚步啊！灾难必将因此降到你头上！”妻子的话让伯宗的心怦怦乱跳，一直以来妻子不断提醒自己说话要婉转些，自己总觉得妻子是杞人忧天，如今终于造成了这种“木秀于林，风必摧之”的情况，但已是悔之晚矣。

伯宗妻看着呆立在那儿的丈夫，知道他陷入困惑和无助当中，自己得给他出个主意。虽然已经无法阻止不幸的发生，但应想办法将伤害降到最低。不管会有什么灾祸发生，自己都将陪他共渡，但是一定得保护好无辜的儿子。想到这里，伯宗妻说：“何不赶快物色一个能干的人来保护我们的儿子伯州犁呢？”伯宗的心又是一震，儿子，是啊，孩子是夫妻二人最爱惜、最重视的人，即便真的遭遇不测，也一定要保伯州犁平安无事啊！这一次伯宗真心实意地听从了妻子的话，找到了晋国有名的贤人毕阳，请他在危难之时保护伯州犁。

鲁成公十五年，即公元前576年，发生了栾弗忌之难。晋国的“三郤”，即郤锜、郤犨和郤至，谋杀了晋国大夫栾弗忌，伯宗因此事受到了牵连。“三郤”迫害伯宗，那些嫉恨伯宗才能的大夫们趁机落井下石。最终，贤而好直言的伯宗果真像伯宗妻预言的那样遭到了不幸，被诬陷并杀害了。不幸中的万幸，伯宗之子伯州犁被毕阳护送到了楚国，逃过一劫。

这就是伯宗妻令人感伤而感慨的故事。尽管伯宗妻深知何谓“行高于人，众必非之”，但是却无法改变伯宗“峣峣者易折，皎皎者易污”的命运。可这仅仅是“皎皎者”的悲剧吗？凡俗的我们即便无法成为出众的“皎皎者”，但总可以不让自己成为庸俗的嫉妒者。嫉妒是服慢性毒药，伤害他人的快意渐渐使它的毒性散发，一点点、一寸寸将良善的心侵蚀成灰。失去了这颗心，繁花似锦又有何用？

齐姜

——深明大义贤内助

齐姜，春秋时期齐国人，一个有胆有识、行事果断的女子，一个被时人和史家称颂的贤妻。这个女子之所以能如此光彩照人，是因为她成就了一位显达千秋的人物——晋文公。

齐姜就是大人物晋文公的妻子，但齐姜嫁给他的时候，他还不是霸主晋文公，而是流亡在外的落魄公子重耳。

在未成为重耳之妻时，齐姜只是一个不为人关注的小女子，因而关于她的身份史籍语焉不详，有人说她是春秋五霸之首齐桓公之女，也有人说她只是宗室之女。但不论她身份为何，可以确定的是她无可选择地被国君齐桓公嫁给了流亡至齐的公子重耳为妻，没有愿或不愿，也没有爱或不爱，“齐侯妻之”就是她的宿命。

当年晋公子重耳因“骊姬之乱”逃到了狄国。在狄国住了十二年以后，重耳身边重要的谋臣狐偃担心长此以往，碌碌无为的重耳将荒废事业，便提出到齐国去，以便寻求复国的机会。

当重耳一行人来到齐国后，得到了齐桓公的热情款待。齐桓公待重耳很好，不仅赠给重耳八十匹马，还把齐姜嫁给重耳为妻。重耳本不愿离开住得挺舒服的狄国，却没想到在齐国受到如此礼遇，便打算在齐国住一辈子，心想：我在外漂泊多年，如今能在此衣食无忧地安稳生活，这不是很好吗？人活着能够享受安乐，还去管别的干什么呢？

日子在重耳的称心如意中悄悄滑过，有随臣们的忠心守护、有齐姜的温柔相伴，重耳的脸上时不时地现出心满意足的笑容。而这笑容在狐偃的眼中却是危险的信号，他知道重耳已安于留在齐国。

察觉出重耳准备老死在此的想法，狐偃忍不住焦急起来，如今一代霸主齐桓公已死，齐孝公虽继承了君位，却没能继承君威，诸侯都纷纷背叛齐国。狐偃深知现在的齐国已无力帮助重耳返国执政了，为今之计只有离开齐国另做打算，可重耳还会同意离开吗？

此时的狐偃完全没有当初劝重耳离开狄国时的信心和把握，于是就和随从重耳一起逃亡的人在桑树下商量这件事。

这些有卿相之才的随臣们却不知他们自以为很隐蔽的桑树上恰巧有一双偷听的耳朵。齐国宫中一个养蚕的婢女正好在树上采桑叶，浓密的桑叶掩住了她的身影，谁也没有发现她，她却将众人的谋划听得一清二楚。

当婢女将这些报告给姜氏时，姜氏一惊，如果婢女不是告诉自己而是告诉国君，那势必会给夫君重耳带来“麻烦”，为防泄露消息，姜氏狠心将这个无辜而忠心的婢女给杀了。

果断地平息完“窃听风云”一事后，姜氏心情复杂地去找自己的夫君。聪慧的她从随臣们的密谋中听出了弦外之音——重耳对自己的留恋。正因为重耳不想离开齐国、不想离开自己，所以随臣们才会有密谋的举动啊！身为一个女人，能得到爱人不离不弃的守护原本是件多么幸福甜蜜的事啊，可是这个爱人偏偏不是一个可以让自己留在身边不放开的人，他的身份、他的贤能注定了他的使命、他的未来。今日如果自欺欺人地留住他，他日不仅他的随臣会责怪自己是红颜祸水，而且重耳可能也会为自己的无所作为心生悔意。

心内百转千回的姜氏来到重耳面前，重耳看出了妻子的异样，关心地询问因由，姜氏心中一酸，拉住重耳的手急切地说："你的随从想要叫你一起离开齐国，那个听到他们计谋的人已经被我除掉了。你一定要听他们的安排，不能犹豫不决，遇事犹豫不决，就不能成就天命。《诗》上说：'上帝临汝，无贰尔心。'上天暗中保佑着你，你心里千万不能迟疑不决。从前周武王知道天命，因此能成大事，犹豫不决怎么能行呢？你因晋国有危难而来到这里，自从你离开以后，晋国没有安宁的岁月，百姓也没有一个稳定的国君。上天还没有要晋国灭亡，也没有其他可以当国君的公子了。将来能当晋国国君的，除你以外还有谁呢？你一定要好好努力，上天在保佑你，迟疑不决一定会有灾祸的。"

姜氏一口气说完了这番深明大义的话。她怕自己不尽快说出来，就会改变心意而不想"放走"重耳。

公子重耳轻抚一下姜氏因激动而绯红的脸颊，这个女子如此美丽、如此贤惠，自己心甘情愿守在她身边，他平静地说："我是不会被人说动的了，一定要老死在这里。"

姜氏的心狠狠地痛了一下，他不想离开这儿、不想离开我，这不是推测出来的，是亲耳听到的，这就够了，让他去吧，去实现他心底的梦想。

姜氏平静下来，对重耳说："这样是不对的。那些风尘仆仆的行人，时常惦念着自己要办的事，唯恐来不及把事情办好。昼夜奔忙在道路上，连一会儿安坐休息的工夫也没有，这样尚且还怕来不及。顺心如意尽情贪图安逸的人，又怎么来得及呢？一个人如果不追求完成大业，又怎么会有成就呢？日月如梭，时光不停，一个人哪能只想获得安逸呢？《周书》上有句话说：'怀与安，实疚大事。'贪图享乐和安逸，是要败坏大事的。以前管仲说过：'如果一个人像害怕疾病一样地敬畏天威，是人中的最上者。只知道眷恋私欲随波逐流的人，是人中的最下者。看到可眷恋的事物，就想起天威的可畏，是中等人。只有敬畏天威如害怕疾病一样，才能树立权威，统治人民。有声威才能居于民上，对天威无所畏惧，则将受到惩罚。只知贪恋私欲随波逐流，便远离声威，所以才是人中的最下者。我既不想做最上者，也不想做最下者，我是愿做中等人的。'这就是大夫管仲之所以能够治理齐国、辅佐先君成就霸业的原因。现在你要丢弃它，不是太难于成大事了吗？齐国的政治已经衰败了，晋君的无道已经很久了，你的随从的计谋是忠于你的了，已经到时候了，公子回晋国的日子近了。你去当晋国的国君，可以解救百姓，如果放弃这个机会，那就算不上明智之人了。齐国的政治败坏不宜久居，有利的时机不可错过，追随者的一片忠诚不可丢弃，眼前的安逸不可贪恋，你一定要赶快离开齐国。晋国纷乱的局面不会长久下去，你是晋国唯一的公子，你必定要当晋国国君。怎么能够贪恋眼前的安逸呢？"

看着姜氏的眼睛，重耳知道这个齐国女子是真心实意地替自己着想，但她越是这样，自己越是舍不得离开，眼前的她知情解意、通情达理，他愿意为眼前人而放弃那似乎唾手可得的机会。重耳无言地将姜氏拥在怀中，姜氏知道重耳依然未改变心意。

无奈的姜氏带着甜蜜而酸楚的心情去找狐偃，两人定下计策：姜氏设法把重耳灌醉，狐偃等用车将其载离齐国。

美酒红颜，酒不醉人人自醉，重耳怎知是计？然而酒醒后，哪里还有温柔的齐姜？重耳怒极操起戈追打子犯，心中却是齐姜忧伤的浅笑，为了成就所谓的事业，辜负了韶华、辜负了红颜，值得吗？

重耳一行就这样启程了，又一次踏上了寻求复国的道路。

齐姜这个美丽而勇敢的女子，无法抗拒的君命让她与重耳相伴相知，为成就重耳的君王事业，又无怨无悔地将爱人“赶出家门”。无可选择与有心成全，使她成为令人敬佩的贤内助，可那午夜梦回时的黯然忧伤，谁又能怜惜？让女人“走开”的何止战争？那些不凡之人的心头或许都有一颗朱砂痣，那是女人用深情和孤寂留下的烙印。

八

庶民之语

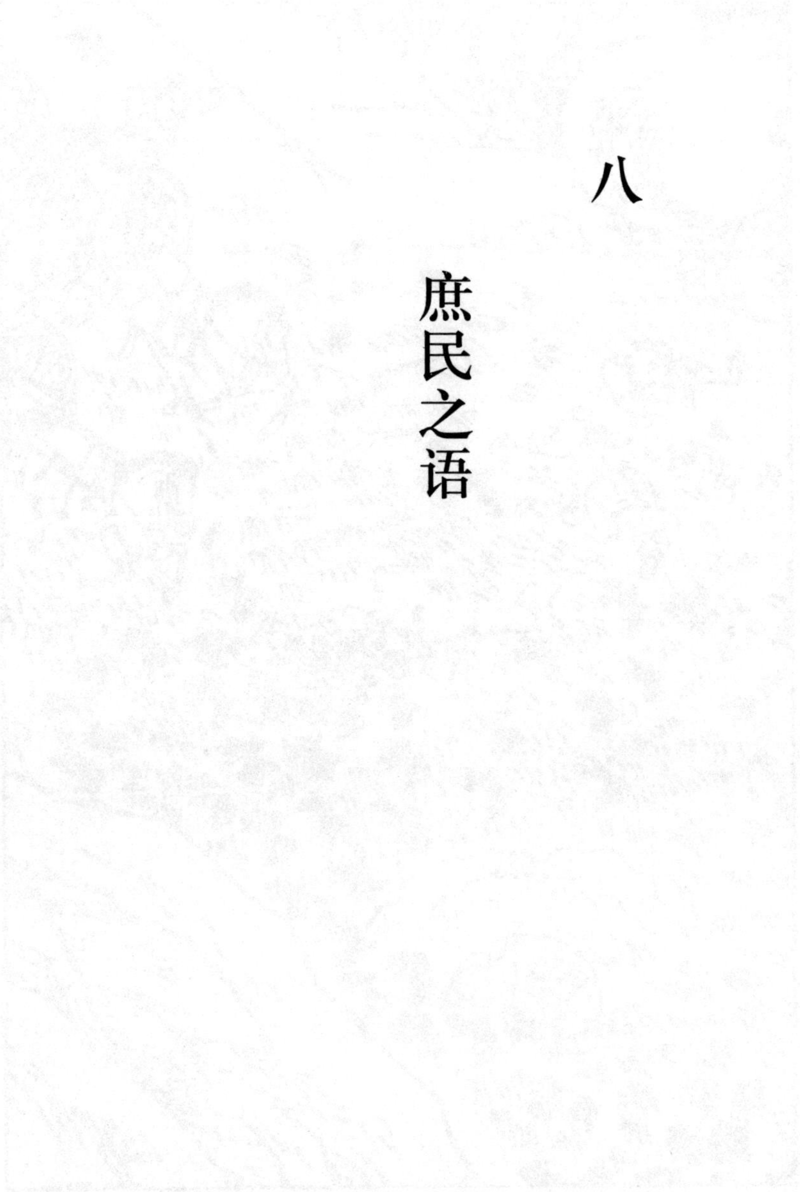

老人结草亢杜回（据明末刊本《东周列国志》插图）

医和

——医国良医断生死

在我们的印象中，良医意味着医术精湛、救死扶伤，甚至是起死回生。但你知道良医还有诊断国运的本事吗？医和就是这样一位能断生死、能知国运的良医。医和，名和，是春秋时期秦国的医生。

一次，晋国国君晋平公生了病，秦国国君秦景公得知后，特意派医和去给他看病。医和是当时的名医，晋人听说医和将要来给晋平公诊病，很高兴，有了这手到病除的良医，晋平公的病一定能治好。只是这世间的事怎能尽如人意？总有些事令人出乎意料。医和为晋平公看完病出来，神情严肃地说："平公的病已经不能治了。"此言一出，众人惊讶。医和没有理会那些惊诧声、质疑声，继续说道："平公的病是由于疏远男人而亲近女人，受到女色的迷惑而生了蛊疾。这不是因为鬼神作祟，也不是由于饮食不当，而是由于贪恋女色而丧失了意志。"听了医和的话，众人安静了，这沉默仿似无声的认同。在大家暗暗佩服医和高明的医术时，医和又说了一句让人震惊的话："良臣将要死去，上天也不能保佑。如果国君不死，必然要失掉诸侯的拥护。"

这话从何说起呢？医和能断晋平公之病，是经过一番诊断的，又将病因说得明明白白，所以能令人信服。可是，纵使医和是闻名遐迩的良医，但他如何能为自己不曾诊断过的良臣断生死呢？一个秦国的医生又如何能断定晋国的国运呢？实在是让人百思不得其解。这莫名其妙的话很快传到了“良臣”的耳中。医和所谓的良臣是指赵武，即赵文子，晋国的卿大夫，一个为晋国鞠躬尽瘁的贤臣。赵文子听说后，问医和道：“我与诸位卿大夫辅佐国君成为诸侯的盟主，到如今已八年了，国内没有暴乱邪恶，国外的诸侯也与我们同心同德，你为什么说‘良臣将要死去，上天也不能保佑’呢？”面对赵文子的责问，医和冷静地回答说：“您说的是目前的情况，我说的是从今以后的情况，我听说：‘正直的不能辅佐邪恶的，明智的不能规谏愚昧的，大树不能生长在又高又险的地方，松柏不能生长在低洼潮湿的地方。’您不能规谏君主贪恋女色，任由他迷恋其中以致生了病，又不能自己引退，反而以执政为荣，觉得将国家治理得不错，还认为八年已经够多了，这怎么能长久呢？”

医和不但回答了赵文子的诘问，而且将了赵文子一军：号称贤臣却不能劝谏君王，身居高位却骄傲自满。医和的话令赵文子面露愧色，却仍忍不住问道：“当医生的还能医治国家吗？”言下之意，即便你说我命不久矣是对的，但你一个医生懂医术能知生死，难道还懂政事能知国运？医和看看赵文子，回答说：“您没听说过吗？上等的医生首先能医治国家，其次是医治病人，这本来就是医生的职责。”这不卑不亢的回答，让赵文子再次见识到医和的非比寻常，心想：不论医生是不是真以医治国家为职责，这医和的言谈举止、气质风度的确有几分政治家的神采。若良医都如医和这般，那良医医国倒也不是不可能。

说到良医，不由得又想起晋平公的蛊病，赵文子便问道：“你所说的蛊，是从哪里生出来的呢？”医和回答说：“是从谷子扬起的灰尘中生出来的。蛊虫伤害嘉谷，谷物中的飞虫产生蛊病。万物中没有不隐藏着蛊的，万物中也没有比谷物更好的东西，谷物生长时蛊就隐藏在其中，谷子不霉烂生虫，人吃了就受益，这是很明显的道理。所以吃五谷的人，白天选择有德行的男子亲近，就好像因吃五谷而聪明起来；夜晚安于在有德行的女子身边，才能避免蛊惑。如今君王不分昼夜亲近女人，这不是在享用五谷而是在吃蛊虫，这就不会像吃五谷的人那样聪明，而是做了接收蛊的器皿。”医和这专业性的讲解，为赵文子解了惑，也令赵文子深为钦佩。身为一国之君的晋平公，不正是因为国内平安无事、国外的诸侯没有二心的大好局势而肆意放纵自己、沉迷女色吗？这何尝不是自己忧虑的地方呢？只是正如医和所说“正直的不能辅佐邪恶的，明智的不能规谏愚昧的”，自己是有心无力啊！

看着蹙眉沉思的赵文子，医和继续说道：“从文字结构来看，‘虫’和‘皿’二字合成‘蛊’字，因此我才这么说。”仿佛是在阐释自己所言的根据，又仿佛是在安慰忧心忡忡的赵文子。赵文子叹了口气，问道：“那君主大概还能活多久呢？”医和回答说：“如果诸侯都服从，最多活上三年；诸侯背叛，不会超过十年，超过了这个期限，就是晋国的灾难了。”

留下不祥预言的医和离开了，验证医和预言的日子却慢慢走近了。这一年，“良臣”赵文子死了，诸侯都背叛了晋国。十年后，晋平公死去。历史真的成全了“上医医国”的神话。其实，医和的神奇在于他不只诊病，而且诊心。正因诊心，知良臣心力交瘁、性命堪忧；知昏君纵心放诞、国运不昌。预言家的美名，往往来自堕落者的成就。既然这样，与其钦羡别人的远见卓识，不如借人之智完善自己。

车者

——临危不乱语惊人

这个故事要从“梁山”说起，这座梁山不是位于山东省西南部梁山县境内的水泊梁山，而是在陕西省韩城县境内的梁山。既然不是那闻名江湖的梁山，也就没有风风火火闯九州的梁山好汉。那这座梁山又有何魅力令史家青眼相看呢？原来，这座梁山虽然与一百单八将的替天行道无甚关系，却与一位隐士的传奇故事有关。

这位传奇人物没有盖世武功、没有义举豪情，有的是不凡的见识、有的是隐者的洒脱。如果不是梁山发生山崩，这位淡泊名利的隐士，可能仍是一位默默无闻的车者。山崩，令人惊惧的自然现象。在古人看来，这不仅仅是巨大的灾难，还意味着上天的启示。正因如此，当梁山发生山崩时，晋国国君晋景公用驿车紧急召见大夫伯宗，让贤能的伯宗为自己出谋划策，解决眼前的难题。

伯宗乘着驿车匆匆赶路，车却忽然停了下来。这突发的意外，让心急如焚的伯宗忍不住起身查看情况。原来一辆载重的大车翻在了路中央，挡住了去路，赶车人正站在车旁。伯宗双眉紧蹙，心中不悦，这个无礼的车夫看到驿车竟还不赶快让路。伯宗不满地说：“给我的驿车让路。”听了伯宗的话，车夫并没有诚惶诚恐地低头认错并试图以最快的速度给驿车让路。他站在原地未动，平静地说：“驿车求的是速度快，如果等我这辆大车让路，那反倒慢了，不如走捷径吧，从旁边走会快些。”

车夫冷静的态度、合理的分析，让伯宗很惊讶，一时间忘了国君还在焦急等待，忘了自己还有使命在身。这位与众不同的车者勾起了伯宗强烈的好奇心，他此时此刻最关注的竟是这个平凡赶车人的身世。伯宗缓和了口气问车夫：“请问你是哪里人？”车夫依然是方才那不疾不徐的从容态度，回答道：“我是绛城人。”

绛城是晋国的国都，正是伯宗要赶去的地方。伯宗趁势问道：“那你在绛城听到了什么情况啊？”车夫回答说：“由于梁山发生了山崩，所以国君用驿车召见伯宗来商量。”几句对话过后，伯宗已经觉得这个车夫绝非泛泛之辈，他不卑不亢的态度、言简意赅的言语都显示出这是一个见识不凡的人。既然这样，不妨听听他对梁山山崩一事的看法。思及此，伯宗认真地问道：“那你认为该怎么办好呢？”

车夫看了看伯宗，那神情似乎知道眼前的人就是伯宗，若有似无地叹了口气，回答说：“梁山是因为土壤松了才发生崩塌，又能怎么办呢？”那肯定的语气中，不带一丝慌乱，理智地分析了山崩的原因，清楚地指出这不过是一种自然现象。心平气和的车者，相对于急召伯宗的晋君和迫不及待的伯宗，显得格外镇定自若、从容不迫。车者的话更令伯宗刮目相看，看待车者的眼神更添几分敬佩。车者却并没有因为伯宗态度的改变而变得神情倨傲，他继续不慌不忙地说道：“国家以山川为主，因此一旦遇到河干山崩，国君就要穿素服、离开寝宫，到郊外去居住；乘坐没有彩饰的车子；取消平日的饮酒作乐；在简策上写文章向上天祈祷，而国人要哀哭三天，行礼祭山川之神。即使是伯宗也只能如此而已，还能有什么办法呢？”

这番尊礼守制的话说完后，伯宗完全确定此人是个隐于市的高人。的确，除了车夫说的那些办法，自己也别无他法了。这个车者的才识不在自己之下，而临危不乱的气度尤胜自己几分，这样的人是堪当重任的，当个车夫实在是埋没了他的才能。又惊又喜的伯宗想将他举荐给晋景公，便询问车夫的姓名，车夫却但笑不语。伯宗不甘心，又请他一起去见晋景公，以便把那番应对之策直接告诉国君。伯宗原以为即便车夫对进见国君不心动，但这能直陈政见的机会应该还是有几分吸引力的。即便是不屑于为五斗米折腰的隐士，也应该希望自己的观点为人所知、为人称道吧？没想到车者依然微笑着摇摇头，表示不答应。伯宗叹息一声，终于体会到归隐不仅意味着避世不仕，而且意味着淡泊名利。隐者不仅有智慧、有见识，而且有原则、有操守。无可奈何而又感慨万千的伯宗只好放弃了对车者的说服，不无遗憾地离开了，继续前往绛城。到了绛城，见到国君晋景公后，将途中所遇车夫的话报告给晋景公，正一筹莫展的景公听了连连点头，便按照车者所说的一一照办了。

就这样，一个貌似平庸的赶车人的话，不但令达官贵人深深信服，而且令一国之君听命照办，听起来是不是有些匪夷所思？是不是觉得十分离奇？梁山山崩，成就了赶车人的传奇，虽然于他不过是无心插柳。在史书中阅读小人物的悲欢离合后，总是慨叹这等大智大慧、大义大勇的人为何未能留名于青史呢？这一次却深深庆幸车者没有留下高姓大名。这样才好，于他，不违背那云淡风轻的洒脱自在；于我，欣欣然喜悦于隐者的高风亮节。留了名姓，便染了名利的俗气、失了隐者的风度。隐者，或远离尘世而关心时事，或身在红尘而心无名利。他们做自己想做的事、说自己想说的话，功名地位对于他们不过是繁华一梦、徒惹烦忧。这样如清风明月般的人物，不正可安慰我们纠结于利禄功名的心吗？

鉏麑

——触槐而亡全忠义

鉏麑是春秋时期晋国的大力士，但他被载入史册并不是因为他的力大无穷、武艺高强，而是因为他的左右为难、忠义两全。鉏麑，一个夹在暴君与贤臣、信义与忠诚之间的悲情刺客。刺客一词，总是散发着危险与死亡的讯息。刺客行刺的目的是力图在短时间内，让目标人物及其相关事物遭受致命打击。在春秋战国时期，这种刺杀行为，多出于政治原因。鉏麑的行刺任务的产生正是由于君臣之间不可调和的政治分歧。

晋灵公便是那位给鉏麑下达刺杀任务的国君，大臣赵盾就是被刺杀的目标人物。以残暴不仁而臭名昭著的晋灵公，其劣行劣迹有史可查。《左传·宣公二年》就记载了他暴虐无道的恶行。不守为君之道的晋灵公，横征暴敛，荒淫无度。用搜刮来的财货装饰宫墙；用弹弓击人而观看他们躲避弹丸；用畚箕装着厨师的尸体由宫女抬着从朝廷走过。当赵盾、士季看见畚箕里露出的死人的手，心中一惊，询问缘故，原来只是因为厨师没把熊掌煮烂，晋灵公便杀了他。两人不由得相顾叹息，晋灵公的行为越来越令人发指了。

深感忧虑的赵盾，准备入宫进谏。士季拦住他说："如果我们两人一同进谏，不被采纳，就没有人再继续进谏了。让我先去，君王不接受，你再接着进谏。”赵盾觉得有道理，这个晋灵公从来就不是从谏如流的国君，这样还能多一次规劝灵公的机会。于是，士季先去进谏了。晋灵公见士季进来，知道他肯定是来“批评”自己的，便装作没看到，自顾自地往前走。士季一连行礼三次，一直追到了屋檐下，灵公才假装刚看见他，说：“我知道自己所犯的错误了，打算改正了。”虽然士季追灵公追得很辛苦，但是听到灵公这样的话，心里甚是安慰，叩头回答说：“什么人能没有过错呢？犯了错误能改正，没有比这更好的事情了。大王您能弥补过错，您的职责就不致荒废了。”这就是《左传》为我们还原的晋灵公，暴戾之外，还有几分狡诈。

士季哪知这不过是灵公的缓兵之计，其实灵公压根就不想改正什么，只不过是不想听到“唠叨”而已。晋灵公打发走了一个好对付的士季，却还有一个坚忍不拔的赵盾等着他呢。看到晋灵公依旧暴虐无道，身为正卿的赵盾不得不一次次地劝谏灵公。面对屡屡进谏的赵盾，晋灵公厌恶至极，非但没有痛改前非之意，反而心生恨意。本来就心狠手辣的他决定除去这个“眼中钉”，这样就再也没有人敢在自己面前说三道四了。怎样能让赵盾在最短的时间内消失？最快捷的方法自然是刺杀。晋国有名的大力士鉏麑，成为晋灵公心中最佳的刺客人选。鉏麑的悲剧也就由此上演了。

清晨时分，鉏麑的身影无声无息地出现在赵盾家。天色尚早，四周静寂，鉏麑以为赵盾应该还在梦中，对刺客来讲这无疑是个好时机。令人意外的是，赵盾卧室的门已经打开了，而原本应在床上安睡的赵盾，竟坐在那儿，一身朝服穿得端端正正、妥妥帖帖，显然已经做好了上朝的准备。鉏麑心里一震，仔细看去，因为时间还早，坐在那里的赵盾正在闭目养神。鉏麑悄悄注视着一脸浩然之气的赵盾，竟无法向前，更无法痛下杀手。身为刺客，不仅要有超凡的武艺，还要有一颗冷酷的心。一身正气的赵盾却在无形中将鉏麑心头的戾气化为乌有，鉏麑心知自己已无法完成任务了。

鉏麑退了出来，暗暗慨叹："赵盾真恭敬啊！不忘恭敬的人，是国家的栋梁。杀害国家的栋梁，就是不忠；而接受了国君的命令却不执行，就是失信。在不忠不义之中，我得承受一个罪名。可这两个沉重的罪名，我都承受不起啊！我既不能杀害国之栋梁，又不能有违君命。怎么办呢？"左右为难的鉏麑呆立在院子里。寂静中，与他相伴的，是屋内静静坐着的赵盾和院中静静伫立的槐树。鉏麑的心渐渐平静下来，人总有一死，只是死也要死得清清白白，宁可自己死了，也绝不能背负不忠不义的罪名。鉏麑不再茫然失措，他决定以死来保全忠义之名。于是，他撞向院子里的槐树，自杀而亡。

等待喜讯的晋灵公，没等到回来复命的鉏麑，却看到了前来上朝的赵盾。晋灵公心里有些惊讶，该死的鉏麑居然没有杀掉赵盾！这个不可救药的暴君，既没有为鉏麑的义举所打动而放弃谋杀赵盾的计划，也没有反省自己草率的行为会否将自己置于险境。残暴的晋灵公又一次设计谋杀赵盾，吉人天相的赵盾却再一次逃过了劫难。屡屡作恶的晋灵公最终遭到了恶报。大夫赵穿，即赵盾的堂兄弟，在桃园杀死了晋灵公。此时赵盾逃亡还没走出晋国国境，听说这一消息后就回来了。太史董狐记载这件事为"赵盾弑其君"，并拿到朝廷上给大家看。赵盾说："不是这样的。"董狐回答说："你是正卿，逃亡还未出国境，回来后又不惩罚杀死国君的凶手，那么凶手不是你又是谁呢？"赵盾感叹说："哎呀！'因为眷恋祖国，反而给自己带来灾祸。'这大概说的就是我吧！"

悲剧落幕了，咎由自取的暴君被弑身亡；正直无私的贤臣背负罪名；舍生取义的刺客触槐而亡。纵使是非成败转头成空，纵使往事如烟已成笑谈，总有些事感动千载后温暖人心，总有些人历史永远铭记，比如鉏麑的忠义、赵盾的担当。

宁赢氏

——察言观色避祸殃

身为平常小民，对君子的贤达心里总有或多或少的敬意和仰慕。这敬仰既来自对其高尚品格的钦佩，又来自对其言谈举止的欣赏。如果有一天，这位举止不凡的君子出现在你面前，除了万分激动地求签名合影外，你会不会想追随其左右？也许你宁愿相信狂热追星族的故事，也难以相信真有人会好德至此。然而，这不是天方夜谭，而是史书记载的真实故事。

宁赢氏就是这样一个愿为追随君子而抛家舍业的人。宁赢氏，春秋时期晋国的一个商人。韩非子的《五蠹》中将工商之民称为“五蠹”之一，商人被视为社会的蛀虫。然而，这个开旅馆的商人却绝非泛泛之辈，正因如此才留名青史。一个社会地位低下的商人，是怎样与令人尊敬的君子产生交集的呢？说起来，恰恰是因为这被人轻视的职业让宁赢氏与其仰慕的君子有了相见的机会。

晋国大夫阳处父到卫国访问，返回晋国时，路过宁邑。天色已晚，旅途劳累的阳处父决定找一个旅馆先住下来，他留宿的旅馆正是宁赢氏所开的旅馆。当阳处父出现在宁赢氏的视野里时，宁赢氏忍不住格外留意这位相貌堂堂的客人，越看越觉得此人非同凡响。

这夜，宁嬴氏失眠了。阳处父的出现让他的心久久不能平静，那不俗的容貌、那不凡的气度，不就是自己心目中君子的形象吗？不就是自己一直寻求的君子吗？如今君子竟然不期而遇，如果不把握住这可遇而不可求的机会，明早任君子离去，他日便后悔莫及。于是，他做了一个决定——明天追随阳处父而去。不同于宁嬴氏的辗转反侧，他的妻子好梦正酣。宁嬴氏看着身旁的妻子，心里泛起丝丝愧疚。可这愧疚之情不正显示出他必走的决心吗？

天渐渐亮了，在宁嬴氏注视的目光中，妻子睁开了惺忪的眼，宁嬴氏拉住妻子的手，轻声说："你知道我很久以来一直在寻求有德行的君子，可多年来，时时留意，也没遇到一个令我心悦诚服的。今天总算遇到了，我觉得阳处父这个人不错，是位品德高尚的人。我打算追随阳处父……"初醒的妻子还处在震惊中时，宁嬴氏已起身去找阳处父了。得到了阳处父的同意后，宁嬴氏告别了妻子，跟着他走了。

在路上，宁嬴氏激动的心渐渐平静下来。人在做决定的时候总是心潮起伏、百转千回，一旦下定决心反倒心静如水了。阳处父和宁嬴氏两人边走边谈，可这随意的闲聊，却让平静下来的宁嬴氏渐渐皱起了眉头。到了河内温山时，宁嬴氏便与阳处父分手，返回了家。

宁嬴氏的妻子看到坚决离去的丈夫又突然返回，不禁问道："你得到了寻求好久的君子，却又不跟随他，这是为什么啊？"宁嬴氏摇头叹息道："我看到他的外貌后想跟他去，听到他的言谈后又厌恶他。人的身体产生性情，是在心中形成的。言谈，是身体的修饰。人说出的言谈，和性情、外貌相符合才能成事。如果言谈和性情、外貌不合就会出毛病。"

见妻子露出似懂非懂的神色，宁嬴氏继续说道："如今阳子虽然相貌堂堂，但是他的言辞贫乏、浮夸，与性情、外貌不相符合。

如果中情不足，而外貌硬要装得很足，最后仍将归于不足，因为中情和外貌不一致。如果中情和外貌相类，而言谈却与之不相符，那就使诚信受到了亵渎。言谈是用来表明诚信的，应当奉它如枢机，思考成熟了才能说出来，怎么可以轻慢呢！如今阳子的内心能够辨察，因此形成他的外貌还能掩盖他的不足，但是他的言谈刚愎，自以为才能超群。不本着仁义办事而触犯别人，就会招致众人的怨恨。我担心跟他在一起不但得不到他的好处，反而会蒙受他的祸害，所以才离开了他。”这次，宁嬴氏的妻子似乎听懂了，微笑着点点头，在她的心里自己的丈夫是很有见识的。既然丈夫觉得跟随阳处父会有危险，那么及早回来自然是最好的选择。

事实证明，宁嬴氏趋利避害的选择是正确的。第二年，就发生了“贾季发难”的事件，阳子便死于这一事件中。贾季，即狐偃的儿子狐射姑，贾季是他的字。鲁文公六年，晋国在夷地举行阅兵，编制三军，狐射姑任中军元帅，赵盾任副元帅。后阳处父向晋襄公建议，改在董地进行，让赵盾任中军元帅，狐射姑任副元帅。狐射姑因此怨恨阳处父，派人杀了他，这一事件就是“贾季发难”。

如果宁嬴氏没有改变初衷，那么很有可能在“贾季发难”中遭受祸患。不得不承认，宁嬴氏这个普通的旅店老板有着不俗的察言观色能力和分析推理能力。通过观察阳处父的外貌、言行，推断出言语轻狂、浮泛的他必将会招人怨恨、陷入危机。事情有时就是这样荒谬，一个看似举止不凡的君子，却华而不实，终落得身名俱灭；一个看似普普通通的商人，却擅长察言观色，明智地选择了趋利避害。掩卷之际，不禁暗问：在这个真实故事中，谁才是真正的君子呢？

优施

——载歌载舞施阴谋

优施，名施，春秋时期晋国的优伶。一个语焉不详的名字，一份地位卑微的职业，却与王侯将相一样名列史册，只是他不是名垂青史，而是遗臭万年。

倘若不是晋献公宠爱的优伶，倘若不是遇到那个美丽的女子，倘若不是助纣为虐暗施阴谋，优施依旧过着以乐舞、戏谑为业的平常日子。平静无波的日子，因一个异国女子的到来而泛起了涟漪。这个俏丽的女子名叫骊姬，从前是骊戎国的公主，现在是晋献公心爱的宠妃。从此，优施的歌舞里更多了几分动人和热情。

优施渐渐地发现这个风情万种的女子眼神里透着一股无法温暖的寒意。即使晋献公对她万般宠爱，即使晋献公将她立为高贵的君夫人，依然感觉不出她的喜悦。作为一个受宠的优伶，琢磨别人的心思、揣度别人的喜恶是他一贯擅长的，更何况这个冷艳女子如此让自己心动和着迷。宫中的琐碎言谈和大夫们屡屡劝谏，让留了心的优施逐渐读懂了骊姬眼中那隐藏着的冰冷。那是恨意，无法释怀的仇恨。纵使晋献公对她无限疼爱，也不能抹去她心里国破家亡的痛苦和怨恨。优施远远地望着依偎在晋献公身旁的骊姬，竟觉得十分心疼那个被大夫们视为不祥祸水的女人。

歌舞中，日子一天天过去，骊姬终于看到优施眼里的理解和深情。优施不再只是晋献公的宠优，而且成了骊姬的裙下之臣。这份偷来的幸福让优施甘之如饴，甚至刻意忽略了罪与罚。晋献公对骊姬越来越宠幸，两个人看上去很恩爱，骊姬还为晋献公生下了一个男孩。优施暗暗想：也许这个孩子能温暖她冰冷的心吧。不久，优施听说大夫史苏在上朝时对大夫们说："你们可要戒备啊，祸乱的根子已经产生了！当年，国君立骊姬为夫人，百姓不满的心态原就达到了极点。现在骊姬又生下了儿子，难道这是天意？上天加重了晋国的灾祸，百姓的不满已经变成了憎恨，内乱就要发生了！"优施的心一沉，是自己太沉沦于幸福中吧？难道骊姬的恨意没有减退，反而更添野心？

果然，沉静如水的骊姬来向他求助了，问道："我想办件大事，向三位公子发难，应该怎么做？"闻言，优施喜忧参半：这样也好，起码我对她还能有些许帮助，便微笑着告诉她自己计划好的"方案"："早点把他们的地位固定下来，使他们认识到自己的地位已经达到了顶点。人若知道自己地位已经到顶，就不敢再痴心妄想。即使有轻慢之心、非分之想，也能很容易被识破、被击败。"

骊姬点了点头，又问："我要发难，先从谁下手呢？"在宫中多年的优施很了解诸位公子的性格，回答说："必须先从太子申生开始。申生为人谨慎小心、忠厚纯良，而且成熟稳重、又不忍心害人。忠厚纯良的人，容易被污辱陷害；成熟稳重的人，要倒下去更快；不忍心害人的人，肯定忍心自杀。可以用平凡的小事对他进行诬蔑。"

于是骊姬就依照优施教的法子，先对申生施放谗言。

在优施的帮助和引导下，骊姬迅速地"成熟"起来，收买的手段、进谗的技巧，这些成就蛇蝎美人的必杀技，骊姬慢慢驾轻就熟，一步步实施着罪恶的阴谋：第一步，买通官员，让他们以开疆拓土为名在献公面前进谗言，将太子和两位公子排挤到边远之地。第二步，骊姬夜哭诬陷太子有谋反之心，巧施调虎离山和借刀杀人之计，让献公派太子申生出征伐东山，陷太子于窘境。第三步，谮杀太子申生，驱逐公子重耳、夷吾，立骊姬之子奚齐为君位继承人。

优施和骊姬的前两步诡计在晋献公的纵容下进展很顺利，但德才兼备的太子毕竟是晋献公的儿子，让父亲除去这个优秀的长子，是不可操之过急的。东山一役，战胜狄人回国的申生一直生活在阴谋夺位的谗言中。五年后，两个心怀叵测的人等到了痛下杀手的机会。当骊姬再次旧话重提时，献公说："你先前说的，我并没有忘记，只是还没有给他定罪的理由。"骊姬听出了献公的纵容之意和迟疑之心，担心机会稍纵即逝，就去告诉优施说："国君已经答应我杀死太子改立奚齐了，但我感到里克很难对付，怎么办呢？"优施想了想说："你别担心，我来对付里克，一天就能使他就范。你为我准备宴席，我来陪他喝酒。我是个伶人，说话随便也没有过错。"骊姬温柔地点点头，微笑着离开了。

看着骊姬优美的背影，优施知道这是关键的一步，如果成功，骊姬就可以实现她的愿望了，为此他愿意竭尽所能。优施用骊姬准备的酒菜，来到权臣里克家里，请里克喝酒。酒喝到一半时，故作半醉半醒的优施摇摇晃晃地站起来跳舞，带着酒意的他笑着对里克的妻子说："夫人您请我吃一顿的话，我就教这位大夫怎么悠闲安逸地侍奉国君。"说完就自顾自地唱了起来："悠闲快乐啊，不敢主动亲近，不如那乌鸦鸟雀会投靠，别人都聚集在绿叶丛，自己却把枯枝抢。"

看着载歌载舞的优施，里克笑着问："什么叫绿叶丛？什么叫枯树枝？"带着几分醉意似的优施笑嘻嘻地说："母亲是国君的夫人，儿子将要做国君，能不叫绿叶丛吗？另一个母亲死了，儿子又被人说坏话，能不叫枯树枝吗？这枯枝还会意外折断呢。”

优施走后，里克若有所思地出了会儿神，命人撤了酒菜，饭也不吃就睡下了。半夜时分，辗转反侧难以入眠的里克召来了优施，问道：“刚才你说的话是开玩笑呢，还是听到了什么风声？”优施心知那藏在歌舞中的暗示已经成功地将里克的心扰乱了，一字一句地回答：“确有其事。国君已经答应骊姬杀掉太子改立奚齐，计划已经定了。”里克一听呆住了，好一会儿才说：“如果要我顺从国君杀死太子，我不忍心。如果和往常一样仍与太子交往，我也不敢。采取中立的态度大概可以免祸吧？”优施暗喜，骊姬忌惮的人已经弃械投降了。他看着里克言简意赅地回答道：“可免。”

简简单单的两个字，让里克安心了，下定了“中立”的决心；简简单单两个字，将祸根深种，清白无辜的太子、两位公子以及小小少年奚齐被推向了命运的低谷；简简单单两个字，助骊姬策划的宫廷政变得以发生，从此晋国政局动荡多年，立了五个国君以后才安定下来。

歌舞原本是传递爱和美的，优施的歌舞传递的却是恨和恶。一念之恶，不仅伤害了无辜之人，而且毁灭了自己所爱之人。得偿所愿的骊姬，已是即将凋零的花儿。献公病逝后，里克发动了政变，骊姬和奚齐被杀。

史册上没有留下关于优施的下落的记述，微不足道的他，有谁在乎他的死生？只记载了他那散发着邪恶气息的且歌且舞、他那些助纣为虐的罪恶言辞和他与骊姬那不该有的丑恶勾结。

图书在版编目（CIP）数据

嘉言铸青史：聆听《国语》/ 何昆著 . — 郑州：海燕出版社，2013.12（2017.2 重印）
（华夏文库 . 经典解读系列）
ISBN 978-7-5350-5740-2

Ⅰ. ①嘉… Ⅱ. ①何… Ⅲ. ①中国历史 - 春秋时代 - 史籍 ②《国语》- 通俗读物 Ⅳ. ① K225.04-49

中国版本图书馆 CIP 数据核字（2013）第 262203 号

华夏文库 经典解读系列

嘉言铸青史

——聆听《国语》

何　昆　著

出版发行：海燕出版社
（郑州市北林路 16 号　450008）
发行热线：0371-65734522
经　　销：全国新华书店
印　　刷：恒美印务（广州）有限公司
开　　本：635 毫米 ×965 毫米　1/16
印　　张：11 印张
字　　数：135 千字
版　　次：2013 年 12 月第 1 版
印　　次：2017 年 2 月第 4 次印刷
定　　价：19.50 元